农业供应链金融的
发展趋势与风险治理研究

黄子珩 著

中国商业出版社

图书在版编目（CIP）数据

农业供应链金融的发展趋势与风险治理研究／黄子珩著．—北京：中国商业出版社，2021.3
ISBN 978-7-5208-1570-3

Ⅰ.①农… Ⅱ.①黄… Ⅲ.①农业-供应链管理-金融业务-研究-中国 Ⅳ.①F324

中国版本图书馆 CIP 数据核字（2021）第 044058 号

责任编辑：孔祥莉

中国商业出版社出版发行
010-63180647　www.c-cbook.com
（100053　北京广安门内报国寺1号）
新 华 书 店 经 销
三河市天润建兴印务有限公司印刷

* * *

710毫米×1000毫米　16开　10.75印张　156千字
2021年3月第1版　2021年3月第1次印刷
定价：58.00元

* * * *

（如有印装质量问题可更换）

前　言

　　金融是经济活动的核心，是实体产业的血液。农业金融高成本、高风险、低收益，是我国金融治理中最为薄弱的环节之一。供应链金融有助于大幅提升社会资本配置效率，助推我国金融供给侧改革，促进供应链产业健康发展，是支持中小微实体企业纾危解困的最佳手段之一。其中，农业供应链金融对于化解中小微农业实体企业和合作社融资难且贵问题、防范农业经营主体资金链断裂、提高支农资金利用率、降低农业金融风险等，发挥了积极作用。然而，突如其来的新冠肺炎疫情席卷全球，对全球供应链和金融供给造成强烈冲击，导致本已捉襟见肘的中小微农业实体企业和合作社处境更加步履维艰，尤其对脆弱的农业供应链金融打击巨大，滋生了众多农业供应链金融风险。

　　党的十九大报告首次提出"乡村振兴战略"，要求"大力推进农业产业链发展，加大金融支持力度"。2020 年，党中央、国务院将"推进金融支持稳企业保就业工作，精准服务供应链产业链完整稳定"，作为扎实做好"六稳"工作、全面落实"六保"任务、促进经济"内循环"的重大决策部署。2020 年 9 月，中国人民银行等八部委首次明晰了供应链金融的基本内涵和发展方向，中小微实体企业 2020 年应收账款融资 8000 亿元。"十四五"规划建议强调"健全农村金融服务体系"，以及"健全金融风险预防、预警、处置、问责制度体系"。

　　当前，我国供应链金融市场接近 16 万亿元，且发展势头旺盛，但也催生了一些野蛮生长的"乱象"。风险与金融密不可分，防范和治理供应链金融风险是供应链金融发展的重中之重。供应链金融尤其应重视风险治理，包括治理基本面、政策面等"外生风险"，企业运营、财务等内生风险，以及内外因素联动。近年来，农业供应链融资风险逐渐暴露，容易触发供应链金融分化。2020年国务院发文要求"严格防控虚假交易和重复融资风险，加大供应链金融风险防控"。但是，风险防控只是明确了供应链金融风险治理的基本方向，尚未上升到具体的治理路径和技术设计层面。农业供应链金融起步晚、风险大，作为新兴产业，其风险治理体系尚不成熟，并且不能因治理风险而阻碍农业供应链金融发展，造成因噎废食。因此，完善乡村振兴战略下农业供应链金融风险治理的机制设计、具体路径等问题，还需要克难攻坚和不断探索研究。

本书旨在研究乡村振兴战略下如何防控和治理我国农业供应链金融风险。从学理探讨、症状剖析和典型案例层面，深入研究乡村振兴战略下农业供应链金融风险治理的必要性、可行性，创新农业供应链金融风险治理的路径设计，以提升农业供应链金融的风险治理实效，防控乡村振兴战略下农业供应链金融风险，精准服务农业供应链金融需求，促进中小微农业实体企业和合作社健康可持续发展，推动我国农业经济内外循环良性运行，助推乡村振兴战略早日实现。

首先，开展农业供应链金融风险治理的理论分析。从古典经济学的金融理论和前沿的现代治理理论中汲取精华，为治理农业供应链金融风险提供了理论指导，包括交易成本理论、生命周期理论、供应链管理理论、动态风险防控理论、现代治理理论、机制变迁理论等，探索了这些理论与农业供应链金融风险治理的有机契合与效用发挥。明确了农业供应链金融风险治理的目标定位，指出了农业供应链金融风险治理的影响因素及运行机制。之后，深入梳理了我国农业供应链金融政策，以期探寻农业供应链金融发展的规律，阐述了农业供应链金融风险治理的现状、弊端和经济社会效应。从农业生产力与金融生产关系的辩证联系角度，细化了我国农业供应链金融的制度演进过程，包括探索发展阶段（2006—2018年）、规范成长阶段（2019年之后）。接着，研判了我国农业供应链金融的发展趋势，如把控产业金融场景是农业供应链金融的现实要求、提升风险治理能力是农业供应链金融的演变关键、深化产金生态协同是农业供应链金融的必然趋势、持续强化社会责任是农业供应链金融的客观需要,提出了乡村振兴战略下农业供应链金融的发展要求,在供应链核心技术方面探索绿色智能农产品供给,在供应链主体方面要加大培育现代农业经营型主体,在供应链金融方面要构建新型惠农支撑体系。在总结现行农业供应链金融风险治理的成效后,分析了当前我国农业供应链金融风险治理的弊端,包括农业供应链金融效力存在"缺位"、农业供应链金融的核心主导不强、农业供应链金融业务操作不科学、系统性农业供应链金融风险预警、农业供应链金融风险管控碎片化。最后,从经济效应、社会效应方面,探讨了我国农业供应链金融风险问题治理的效果。

其次,运用扎根理论和Eisenhardt的案例抽样研究方法,以我国农业龙头公司和合作社排名前列的象屿集团有限公司、新希望集团有限公司、德佳康牧肉鸡农业合作社为例,改进农业供应链动态金融风险治理框架,从风险识别、风险评估、风险管控、治理绩效等方面,开展了农业供应链金融风险治理的成因分析和案例比较,并借鉴发达国家和发展中国家农业供应链金融风险治理的案例经验,提出对我国农业供应链金融风险治理的启示。

最后,本书以乡村振兴为背景,重构了农业供应链金融风险治理的路径框架,优化了农业供应链金融风险治理的目标定位,包括推进新时代乡村振兴战略、防控农业金融系统性风险、增强农业供应链可持续性。以此为指导,创新了乡村振兴战略下农业供应链金融风险治理的路径设计,包括优化农业供应链专业合作金融的发展生态、搭建农业供应链产业金融协同化发展平台、全方位提升农业供应链金融风险治理能力、构建农业供应链金融的动态风险治理体系、健全农业供应链金融风险一体化管控机制。

综上,本书研究特点:一是在研究视角上,以风险治理为切入点,分析农业供应链金融问题。针对国内外学者单独研究农业供应链金融、风险管控较多,而将风险治理与农业供应链金融有机融合较少的现状,将农业供应链金融的风险管控上升到更高的风险治理层面,运用现代治理等理论,系统开展农业供应链金融治理的学理探讨和实践研究，从而提升农业供应链金融风险治理成效。二是在研究方法上，以农业行业排名前列的三家典型农企或合作社为例，搜集农业供应链金融动态风险数据，剖析三家机构在农业供应链金融风险治理方面的实际效果和影响因素。三是在研究对策上，以国家乡村振兴战略为背景，探讨农业供应链金融治理促进乡村振兴的具体措施。党的十九大将"乡村振兴"上升为国家战略，当前我国农业基础薄弱、供应链条不畅、农企融资难且贵，加大农业供应链金融是补齐农业发展短板、实施金融"造血"、促进乡村振兴的强大推动力，而有效治理金融风险，完善农业供应链金融效力，具有重大的战略价值和现实意义。

  本书摒弃一味要求"加大农业外部金融支持"的传统结论，在传统外部金融长期支农动力不强的背景下，寻求从农村供应链金融的"内生动力"作为突破口，以农业合作社等作为供应链金融的核心，促进信息对称，降低信贷风险，分享存贷款收益，真正从外部"输血"转为自身"造血"，构建农业供应链金融风险治理体系，助推乡村振兴战略早日实现。

作者
2021 年 1 月

目 录

第一章 农业供应链金融相关研究背景 … 1
- 第一节 农业供应链金融的研究背景 … 1
- 第二节 国内外文献述评 … 11
- 第三节 本书的结构与内容安排 … 40

第二章 农业供应链金融风险治理的理论分析 … 43
- 第一节 基本概念界定 … 43
- 第二节 相关理论依据 … 53
- 第三节 农业供应链金融风险治理的目标、因素及运行机制 … 62

第三章 我国农业供应链金融发展变迁 … 67
- 第一节 我国农业供应链金融的演进脉络 … 67
- 第二节 我国农业供应链金融的发展趋势 … 74
- 第三节 乡村振兴战略下农业供应链金融的发展要求 … 78

第四章 我国农业供应链金融风险治理现状、弊端及其效应 … 83
- 第一节 我国现行农业供应链金融风险及治理成效 … 83
- 第二节 我国现行农业供应链金融风险治理的弊端 … 86
- 第三节 我国现行农业供应链金融风险治理弊端的效应分析 … 91

第五章 农业供应链金融动态风险治理案例研究 … 94
- 第一节 国内农业供应链金融动态风险治理案例的研究方法 … 94
- 第二节 国内农业供应链金融动态风险治理的案例描述与分析 … 103
- 第三节 国内农业供应链金融动态风险治理的案例分析结论 … 116

第四节　国外农业供应链金融动态风险治理的案例借鉴 …………122

第六章　本书结论与对策建议 ……………………………………131
第一节　本书结论 ………………………………………………131
第二节　乡村振兴战略下农业供应链金融风险治理的对策建议 …136
第三节　研究展望 ………………………………………………148

参考文献 ……………………………………………………………151

第一章 农业供应链金融相关研究背景

第一节 农业供应链金融的研究背景

党的十九大将"乡村振兴"上升为国家战略,以国家乡村振兴战略为背景,探讨农业供应链金融治理促进乡村振兴已成为一个重要的研究课题。当前我国农业基础薄弱、供应链条不畅、企业融资难且贵,加大农业供应链金融是补齐农业发展短板、注入金融血液、促进乡村振兴的强大推动力,而有效治理金融风险,完善农业供应链,具有重大的战略价值和现实意义。本书摒弃一味要求"加大农业外部金融支持"的传统结论,在传统外部金融长期支农动力不强的环境下,寻求从农村供应链金融的"内生动力"作为突破口,以农业合作社作为供应链金融核心,实现信息对称,降低信贷风险,分享存贷款收益,真正从外部"输血"转为自身"造血",构建农业供应链金融体系,助推乡村振兴战略早日实现。

一、研究背景

1. 现实背景

一是中小微企业融资难且贵,金融支持农业乏力。作为经济发展的生力军、社会就业的主渠道、科技创新的重要源泉,中小微企业承担重要的经济社会功能。截至2019年底,我国小微企业法人约有3000万户,个体工商户约8100万户,中小微企业(含个体工商户)占全部市场主体的比重超过90%，贡献了全国80%以上的就业，70%以上的发明专利，60%以上的GDP和50%以上的税收。① 截至2018年末，小微企业法人贷款授信237万户，同比增长30.9%，但是仅占小微企业总户数的18%；小微企业法人贷款余额26万亿元，仅为全部企业贷款的32.1%，其中单户授信500万元以下的小微企业贷款余额仅1.83万亿元，普惠小微贷款余额8万亿元。② 由此可见，小微企业融资处于明显弱势地位，得到的金融支持无法匹配其做出的国民经济贡献。当前，我国社会融资平均成本为7.6%，其中资金成本较低的银行贷款、企业发债、上市公司股权质押等渠道，几乎被央企、上市公司等大型企业占有，大部分中小微实体企业可获得银行贷款几率较低，只能转向保理、小贷公司、网贷等利率较高的融资方式。③ 支持中小微实体企业融资，供应链金融是最佳的融资方式，能够弥补银行难以精准判断产业链上企业风险的不足，缓解中小微实体企业传统应收类业务融资难的困境。而且，农业金融是我国金融最为薄弱的环节之一，传统金融机构支持农业发展尤为乏力，由于担心贷款风险，并且农业资源变现难，抵押和担保不被认可，农业融资难、融资贵较为普遍，传统金融布局散、力度小，阻碍了农业集约化、规模化效应。普通农业企业和农户难以满足金融机构信贷要求，造成无法享受金融支持。根据有关调查推算，仅有四分之一的农户能够获得正规金融机构贷款④。因此，亟待加大供应链金融对农业中小微实体企业的融资支持力度，为农村经济发展、社会就业和科技创新提供金融血液支撑。

二是新冠肺炎疫情席卷全球，加剧农业产业链条脆弱。供应链金融业务模式有助于大幅提升社会资金配置效率，助推国家金融供给侧改革，促进各类产业健康发展，支持中小微实体企业纾危解困。2020年猝不及防

---

① 小微信贷占比将重点考核、专门设置"首贷户"比例指标 [N]．证券时报，2020.
② 中国人民银行，中国银行保险监督管理委员会《中国小微企业金融服务报告（2018）》[M]．中国金融出版社，2019.
③ 清华大学2018年社会融资成本指数．
④ 许玉晓，王家传．我国农业信贷制度构造，基于金融抑制理论的分析 [J]．金融理论与实践，2007（9）：13-15.

的。许多中小微实体企业由于外界需求减少、生产资料成本高涨、流动现金大量锐减,选择裁员、歇业甚至关门破产,金融环境恶化,加上供应链金融以短期为主,在疫情等不可抗力影响下资金成本飞涨对其打击更大。新冠疫情对于农业供应链的影响尤甚。在农业上游,面临原材料价格上涨、供不应求;在农业加工和生产的中游环节,人财物等资源无法有效投入生产加工,而且受到宏观政策和市场环境的波动影响大;在农产品的销售环节,由于生产周期和定价权的缺失,导致农业供应链的下游无法及时变现,附加值不高。因此,亟待完善农业供应链金融体系,降低中小微实体融资成本,疏通融资渠道,补齐新冠肺炎疫情等不可抗力对产业链条的重创。

三是国家大力支持供应链金融,加快现金流动增效。当前,由于中小微实体企业在供应链中处于弱势地位,在实际生产运营中资金遭到挪用甚至挤占的现象屡禁不止,特别是在经济增长放缓、国内去杠杆的大背景下更加捉襟见肘,中小微实体企业只能接受更长的应收账款和信用支付,进一步加剧自身的现金流困境。2018 年中小微实体企业平均赊销期限为 86 天,同比增加 13%,其中平均赊销期限超过 120 天的企业占比达到 20%,同比增加为 66.7%。更有 62% 的企业遭遇了支付逾期,尤其以汽车和交通行业的赊销期限最长。① 当前,党中央、国务院出台了一系列有关供应链金融发展的支持政策、优惠措施,特别 2019 年以来,其力度之大、政策之密、联动之强,均属历史罕见。如 2020 年,党中央、国务院将"推进金融支持稳企业保就业工作,精准服务供应链产业链完整稳定"。② 2020 年 9 月,中国人民银行等八部委首次明晰了供应链金融的内涵和发展方向。其重要原因是供应链金融在缓解中小微企业融资难且贵、加速现金流周转方面具有得天独厚的优势。有效的供应链金融能够服务中小微实体企业融资、搭建现代化流通体系、稳定产业链供应链、推进党中央提出的"六稳"

---

① 中金云创报告研究所. 2019 供应链金融创新发展报告[OL]. 财经, 2003-11 https://www.sohu.com/a/379265770_800178.

② 彭扬. 央行:推动供应链金融规范发展和创新 支持供应链产业链稳定循环和优化升级[N]. 人民网, 2020 年 10 月 10 日. http://capital.people.com.cn/n1/2020/1010/c405954-31886409.html.

"六保"目标实现。

四是供应链金融风险加剧,治理问题迫在眉睫。目前我国金融基础雄厚,2018年金融业增加值占GDP的比重为7.68%,仍处于高位运行,达到欧美发达国家金融供给水平。在结构上,金融总量供给遍布于六大国有银行和数千家中小商业银行。尽管金融供给总量充沛,但却存在供给侧问题和内部结构不均。一方面,直接融资远低于银行为主的间接融资,而在贷款方面,主要集中于国有企业甚至是央企、省企,中小微企业的金融供给明显不足;另一方面,银行的产品与服务多由总行统一设计,分支机构一般无权因地制宜进行改良,导致贷款产品同质、单一,个性化与人性化不足,无法满足多样化客户的差异化需求。创新性的供应链金融产品和服务匮乏,难以应对复杂多变的外部市场环境变化和内部的个体化差异,容易加剧供应链金融风险。如2012年上海钢贸质押诈骗案、2014年青岛港重复质押仓单骗贷融资事件。2019年诺亚财富34亿元供应链融资风险暴露,触发供应链金融分化。因此,亟待完善供应链金融风险治理理念,及时防控供应链金融风险演变为金融危机。

五是乡村振兴的政策红利,农业供应链金融大有可为。"十四五"规划建议强调"健全农村金融服务体系"。当前,农民融资难且贵较为普遍,农村资源薄弱、资产不活,农业发展的金融支撑不足,传统金融机构的虹吸效应,导致农业积贫积弱。党的十九大将乡村振兴上升为国家战略,提出"兴旺产业、宜居生态、文明乡风、有效治理、富裕生活"的宏伟目标。其中,兴旺产业亟须金融对农业的大力支持,完善农业供应链风险治理能够促进乡村社会治理目标的实现。金融是产业发展的血液,金融强则农业强。《乡村振兴战略规划(2018—2022年)》提出,要"加大金融支农力度,创新金融支农产品和服务,完善金融支农激励政策"。① 本书顺应乡村振兴的战略要求,开展乡村振兴战略下农业供应链金融研究,着力破解农业融资难且贵的问题,盘活农村资产,激活农业资本,调动农民投融

---

① 中共中央、国务院《乡村振兴战略规划(2018-2022年)》[N].新华社,2018-09-26.

资的积极性，通过完善农业供应链金融助推乡村振兴战略早日实现。

2. 理论背景

一是构建农业供应链金融的风险治理体系。当前，有关农业供应链金融的风险治理研究，理论明显不足，难以满足如火如荼的农业供应链金融实践需求。国内外学者单独研究农业供应链金融、风险管控较多，而将风险治理与农业供应链金融有机融合的研究较少。"十四五"规划建议强调"健全金融风险预防、预警、处置、问责制度体系"。本书以风险治理为切入点，以交易成本理论、生命周期理论、供应链管理理论、动态风险防控理论、现代治理理论、机制变迁理论为指导，分析农业供应链金融问题。将农业供应链金融的风险管控上升到更高的风险治理层面，紧贴党中央和国务院提出的"推进国家治理体系和治理能力现代化"要求，系统开展农业供应链金融风险识别、评价、管控和绩效研究，构建农业供应链金融的风险治理体系，有助于提升农业供应链金融风险治理成效。

二是明晰农业供应链金融风险的致因机制。风险具有较强的传播性，一旦发生可能产生系统性影响。特别是在农业供应链环节，由于供应链的布局将会造成集聚扩散。本书针对目前国内外农业供应链金融治理效果分析不足的现状，对国内外相关案例做深入分析和探讨，评价当前农业供应链金融风险治理现状，找出影响农业供应链金融风险治理效果的关键因子及其相关度，剖析农业供应链金融风险的致因机制，有助于切断农业供应链金融风险的传播渠道，及时防控和治理农业供应链金融的系统性风险。

三是剖析农业供应链金融与乡村振兴的互动机制。乡村振兴是我国的国家战略，也是未来五十年农业发展的指导性纲领文件。农业金融是目前金融体系中最为脆弱的一环，长期以来面临融资难且贵问题，资源难以变现，资产不被认可，资本缺乏流动，农业金融缺乏一团活水。目前，国内外学者关于乡村振兴与农业供应链金融的有效衔接缺乏系统的研究，尚未涉及农业供应链金融与乡村振兴的影响渠道、互动机制，在农业供应链金融与乡村振兴的互动中，实践领先于政策、政策跨越于理论。因此，本书将探讨农业供应链金融与乡村振兴的影响因子与互动机制，并通过典型案例，对其进行验证。以农业行业排名前列的三家典型农企或合作社为例，搜集农业供应链金融动态风险数据，测算三家机构在农业供应链金融风险治理方面的实际效果和影响因素。

四是完善乡村振兴战略下农业供应链金融风险治理路径。2019年中央一号文件《关于坚持农业农村优先发展的若干意见》提出，要构建农业供应链和治理金融风险。但是，供应链金融风险治理的具体路径还不具体，各方观点还不统一。供应链金融改革事关国计民生，牵一发而动全身，在当前我国农业融资难且贵的先天不足背景下，既要有序推进农业与金融的有序衔接，又要平衡纵向、横向的利益关系，满足农业企业、农民等人群对农业供应链金融风险治理的内在需求。在风险治理理论等的指导下，重构了农业供应链金融风险治理的路径框架，优化了农业供应链金融风险治理的目标定位，包括推进新时代乡村振兴战略、防控农业金融系统性风险、增强农业供应链可持续性。以此为指导，创新了乡村振兴战略下农业供应链金融风险治理的设计路径，包括优化农业供应链专业合作金融的发展生态、搭建农业供应链产业金融协同化发展平台、全方位提升农业供应链金融风险治理能力、构建农业供应链金融的动态风险治理体系、健全农业供应链金融风险一体化管控机制，有助于推进乡村振兴战略下农业供应链金融风险治理能力提升。

二、研究目的

当前，我国农业供应链金融效果差强人意，存在造血"失灵"的问题，难以满足农业产业发展需求。这一问题的产生，并非由经济因素决定的，更主要是由治理机制不畅造成的。农业供应链金融体系不健全是制约供应链金融治理失灵的根本原因。完善乡村振兴战略下农业供应链金融治理机制，能够从金融体系上优化供应链金融发展路径，建立农业金融可持续的增长机制、激励机制、保障机制，使农村农民、农业企业享受与城镇居民和企业同等待遇的金融贷款和投融资支持。

因此，本书的研究目的是建立乡村振兴战略背景下的农业供应链金融治理机制，实现农业供应链与其他金融的有机融合，促进农业供应链金融治理机制建设，助力消除农村融资难且贵、金融体系不全、系统性风险隐患等问题。

为了实现乡村振兴战略下农业供应链金融风险治理，本书主要解决了以下四个方面问题：一是以交易成本理论、生命周期理论、供应链管理理论、动态风险防控理论、现代治理理论、机制变迁理论等为指导，为乡村振兴战略下农业供应链金融风险治理提供理论依据。二是认真梳理农业供应链金融制度的历史变迁，研判农业供应链金融发展的时代要求、制度规律和发展趋势，深入分析现行农业供应链金融风险治理的现状、问题和成因，提出完善治理农业供应链金融风险的目标导向。三是通过典型案例，剖析了农业供应链金融动态风险治理的运行机制，以象屿集团有限公司、新希望集团有限公司、德佳康牧肉鸡农业合作社三家典型的农业行业排名前列的农企和合作社为例，开展农业供应链金融动态风险治理的典型案例比较，并借鉴国外农业供应链金融动态风险治理的案例经验，探讨对我国农业供应链金融风险治理的启示。四是重构了农业供应链金融风险治理的路径框架，优化了农业供应链金融风险治理的目标定位，包括推进新时代乡村振兴战略、防控农业金融系统性风险、增强农业供应链可持续性。以此为指导，创新了乡村振兴战略下农业供应链金融风险治理的设计路径，有助于优化乡村振兴战略下农业供应链金融风险治理能力。

三、研究意义

1. 理论意义

一是弥补农业供应链金融"造血"的效力缺位。农业供应链金融风险是我国金融体系中最薄弱、最困难的环节之一。相对于城镇金融，农村金融面临高成本、广风险、低收益，是我国金融治理中最为薄弱的环节之一，供应链金融存在"缺位"现象。2004年以来，党中央一号文件连续关注"三农"问题，出台了一系列帮扶措施，农业金融支持成为广为聚焦的重点领域。2019年中央一号文件对金融服务好"三农"发展等作出具体安排，再一次体现了金融服务农业的重要性和完善农业金融服务的紧迫性。[①]相对于城镇资产易于获得担保抵押，农村资源融资更难、融资更贵、资产不活，甚至"吸血"代替"输血"，成为制约乡村振兴的瓶颈。在农村金融需求缺口增大的背景下，传统的金融机构缺乏主动投资农村企业和农村居民的动力，外生支持不足。因此，亟待构建农业供应链金融，激发农村自身发展的内生动力，通过自我"造血"，弥补农业金融支持"失灵"问题。

二是解决农业供应链金融风险治理的技术操作难题。当前有关农业金融和供应链金融的文章很多，但是大部分研究金融体系构建和风险监管，在风险治理范畴内研究农业供应链金融风险治理及其技术路径的文献尚不多见。由于农业是高风险、低收益的行业，传统的金融风险强调监管，因此面临"一管就死、一放就乱"的困境。现代金融多偏向于风险治理，主体更多元、范围更广泛、防控更高效、效益更明显。目前，我国尚未构建农业供应链金融风险治理体系，本书试图从农业供应链金融治理方面提供技术设计。在治理要素、层面和途径等方面，指出金融治理涉及微观层面的交易属性与合约安排，中观层面的组织场域与关系结构，宏观层面的制度环境与基础设施，构建了微观、中观和宏观三个维度的技术治理、结构治理和环境治理体系、影响因子及其衍生后果，有助于破解农业供应链金融风险治理的技术操作难题，提升农业供应链金融效益。

三是完善农业供应链金融与乡村振兴的互动逻辑。当前，学者们关于农业供应链金融的研究多集中于就事论事，以乡村振兴战略为背景的研究不多，有关农业供应链金融与乡村振兴的互动机制更是空白。亟待构建农业供应链金融与乡村振兴的影响渠道、互动机制，通过总结农业供应链金融对乡村振兴的正向作用，以及乡村振兴相对农业供应链金融的外部推动，破除现实中"实践领先于政策、政策跨越于理论"的问题。因此，本书将

---

① 中共中央 国务院关于坚持农业农村优先发展做好"三农"工作的若干意见[N]. 新华社，2019.

从农业供应链金融与乡村振兴相互影响、彼此促进的视角，明晰两者的影响因子与互动机制，并通过具体的典型案例，验证农业供应链金融与乡村振兴的互动机制的有效性，进一步修正农业供应链金融与乡村振兴的互动机制。

2. 实践意义

一是积极应对乡村振兴下农业金融"活血"的现实要求。党的十九大将乡村振兴上升为国家基本战略，提出"兴旺产业、宜居生态、文明乡风、有效治理、富裕生活的总要求"。其中兴旺产业和富裕生活直接和农业金融水乳交融、密不可分。金融是农业的血液，金融强则农业兴、农民富、农村活。当前，农村资源难以成为资产，受制于流动限制而不能变现为资本，无法获得类似于城镇的抵押和担保，造成农民守着农村宅基地、耕地和集体建设用地，而无法获得金融机构贷款。并且，传统的金融机构以自身盈利为导向，往往热衷于吸收农民存款，而对贷款不屑一顾。将本应承担的"输血""造血"功能改变成"吸血""白血"现状。国家乡村振兴战略明确提出"农村金融改革任务繁重，城乡之间要素合理流动机制亟待健全"，说明了当前金融"活血"的紧迫性、必要性。本书单列一章"加大金融支农力度"，提出了丰富而全面的农村金融举措。本书的研究有助于从农业金融链系统内部角度，破解传统金融机构对三农的虹吸效应，真正发挥金融的内生动力，促进金融"活血"，助推乡村振兴国家战略早日实现。

二是探索农业金融走出长期"扶而不强"的路径怪圈。"十四五"规划建议强调"健全农村金融服务体系"。作为农业强、农民富、农村美的重要渠道，农业金融发挥盘活农村资产、增强农业活力、富裕农民资源的关键作用。然而，长期以来，农业金融却成为我国金融体系中最为薄弱的一环。甚至是2004年中央一号文件连续关注农业金融以来，仍然出现金融支农"扶而不强"甚至越扶越弱的状态。城乡差距不断扩大，农民的资产相对于城镇居民愈加贬值。因此，必须改变目前金融机构名义上支持农民而实质上弱化农民的现状，通过建立农民合作金融、供应链金融，让农业金融资源在农业供应链闭环流转增值，防止农业资本外流、资产贬值。

本书主要从激发农业的金融内生动力入手，破解长期以来农业金融"扶而不强"、越扶越弱的路径怪圈，通过自我"造血"、内部"活血"，激活农业、农村和农民的内生活力，让农业自力更生，农民自强不息、农村自我革新。

  三是解决当前农业供应链金融供需失衡问题的实际需要。目前我国初步建立了供应链金融，但到"十三五"末，供应链金融占国民经济和金融体系中的比例仍明显不足，也远远落后于欧美发达国家。而且，即使有一些供应链金融大胆尝试，也主要集中于房地产、建筑业等第二产业，真正应用于国民经济最基础的农业的供应链金融寥寥无几。农业是国民经济的基础，嗷嗷待哺的农业更需要供应链金融的眷顾和惠及。当前，农业资源很多，但是难以变现，成为"死钱"。农业数量多、分布广，但是规模小、体量弱、增速慢，传统的金融支持年复一年求而不得，供应链金融能够缓解和改变农业中小微企业融资难且贵问题，发挥雪中送炭的甘霖作用，需求远高于供给，供需严重失衡。有鉴于此，本书创新农业供应链金融治理体系，力图催生农业供应链金融又好又快发展，匡正当前农业供应链金融供需失衡态势。

  四是治理农业金融风险和提升农村治理能力的迫切需求。"十四五"规划建议强调"健全金融风险预防、预警、处置、问责制度体系"。城镇资源不愿意下乡、大型农业企业对农村投资望而却步、传统金融机构支持农民雷声大雨点小的重要原因，是农业周期长、资产变现难、产销风险大。建立供应链金融风险治理体系的必要性与紧迫性，在于防控和降低农业供应链金融风险，将传统外部金融风险内生化，建立闭合循环的农业供应链金融封闭体系，最大化地科学治理农业供应链金融风险，将金融隐患消灭在萌芽状态。同时，乡村振兴战略要求"有效治理"，通过构建农业供应链金融组织体系，能够有效治理农业供应链金融风险，而且，通过大型农业企业和农民合作社作为农业供应链金融的核心主体，提升其治理能力，让金融驱动、农民致富、乡风和谐，进而增强整个农村的治理效益。

  五是转变农村经济发展结构和促进城乡社会和谐的必然前提。在疫情常态化情况下，在国际需求疲软、对外出口乏力、外部投资停滞的不利状态下，激活农村内生活力、扩大农民内部消费，成为拉动我国经济发展的重中之重，通过壮大农业供应链金融，有助于盘活农村资产，丰富农民生活，增强农民的内部消费，发挥更大的边际效用。完善农业供应链金融对于当前扩内需、促增长、保稳定具有特殊的意义，转变经济发展长期依赖出口型的经济增长模式向内需驱动型的经济"新常态"增长模式。乡村振兴战略下农业供应链金融风险治理是破除城乡二元结构、推动新型城镇化进程的一个必要之举。当前，我国城乡居民收入差异大、金融供给比例失衡，必须提高农业供应链金融的保障水平，加快风险治理、城乡统筹，进一步优化农业金融支持政策，加速农村经济发展结构转型，缩小城乡差距。科学治理供应链金融风险是经济社会发展的必然规律和现实需要。城乡二元结构是制约城乡发展一体化的主要障碍。由于城乡金融历史和制度原因，导致我国形成畸形的城乡二元金融和经济社会结构，城市与农村被人为分割，城市与农村居民享受到的金融公共服务差异较大。农村基础差、农业发展慢、农民收入低，严重阻碍了城乡资源配置、人员自由流动，破坏了基本的金融制度公平和城乡待遇平等。构建和谐社会、走城乡一体化的发展路径，金融供给作为公共服务的核心部分，能够弥补农业企业和农村居民的金融供给缺失，共享金融发展和经济社会改革成果。因此，必须推进农业供应链金融发展，打破城乡金融二元制度局限，降低农业供应链金融管理机构的运营成本，提高各类主体参与农业供应链金融的积极性。通过供应链金融风险治理，实现城乡企业和居民金融共享一体化，为增强农村金融公平性、平滑城乡人员流动性，推动城乡金融可持续性发挥重要作用，促进和谐社会构建、经济发展结构转型。

第二节 国内外文献述评

作为破解中小微实体企业融资难且贵、加速供应链资金、信息、物品和商业流动的重要平台,供应链金融受到了国内外学者的广泛关注。供应链金融实践起于200余年前的西欧国家,几乎同步于其他金融服务,先后经历了19世纪中期前以存货质押贷款为主的供应链金融的业务非常单一时期,19世纪中期至20世纪70年代应收账款等保理业务的供应链金融的业务丰富时期,20世纪80年代后预付款融资、结算和保险等的供应链金融繁荣时期。国外供应链金融主要形成了商业银行、物流企业和生产核心企业主导三种方式。国内于21世纪初开展供应链金融的实践,起步较晚,但是发展迅速。本书主要从供应链金融理论基础研究、决策优化研究、风险管控研究、农业供应链金融现状及未来发展趋势和综述评价等方面进行论述。

一、供应链金融理论研究

整理国外学者关于供应链金融理论方面的文献,主要包括以下几个方面。

1. 关于供应链金融内涵方面

供应链金融起始于金融与供应链的教材融合和创新,因此关于供应链金融的概念主要包括金融和供应链两个出发点。金融导向的供应链金融由金融机构主导完成金融方案,加快供应链信息和物资交易及资金流动性,可得性资金增强,资金成本明显降低。供应链导向的供应链金融提倡成员分工协作和库存协同,供应链金融的外延包括金融、流程、融资固定资产等解决方案。[①] Hofmann、Pfohl、Gomm 认为供应链金融是供应链是为创造共同价值,多个供应链成员计划、监督和控制资金的过程。[②]

尽管国内供应链金融的研究起步晚,但是发展较快,兼容并蓄了国外学者的研究成果。早期研究质押动产等物流金融,供应链金融的内涵设计

---

① Gelsomino L M, Mangiaracina R, Perego A, et al. Supply chain finance:A literature review [J]. Internationsl Journal of Physical Distribution Logistics Management,2016,46(4):348-366. .

② Pfohl H C, Gomm M. Supply chain finance:Optimizing financial flows in supply chains [J]. Industrial Management Data Systems,2016,116(4):740-758.

融资通仓、融资库存商品、质押仓单等。但是物流只是供应链金融四大要素之一，还包括商业、物品和信息三大流。作为国内供应链金融的开山鼻祖，深圳发展银行认为供应链金融是指在分析内部交易结构后，运用自偿性融资信贷，导入供应链金融核心企业、物流公司等风控变量，开展封闭式授信、理财、结算等金融服务，由商业银行主导，根据供应链结构和要素开展供应链金融融资。之后，在实践和理论的探索下，供应链金融从要素金融、单一的借贷，演变为流程化、生态化金融，带动供应链金融中的商业、物品、资金和信息往复流动，又助推供应链产业发展。

综上所述，关于供应链金融的内涵和外延，国内外学者的界定不尽相同，相似点是认可融资是供应链金融的基础，融资模式及运行机理大致相同，按照质押类型基本上可以将供应链金融分为应收账款融资、库存质押融资和预付账款融资。差异点在于国外供应链金融研究还涉及周期现金流、成本收益、要素结构等方面。国外供应链金融不仅金融机构可以供给，供应链核心企业也可以融资借贷。供应链金融短期内能够缓解中小微实体企业融资难且贵问题，长期还能完善供应链条，提升行业供应链竞争力。

2. 关于供应链金融运作模式的研究

得益于互联网的高速发展，供应链金融也由以往的线下转移到线上线下相融合。史金召和郭菊娥（2015）从金融机构角度将供应链金融是否结合电商平台，分为线上供应链金融、电商平台供应链金融和银行电商平台供应链金融。[1] 闫俊宏和许祥秦（2017）认为供应链金融线上化是将过去的线下供应链金融核心板块向互联网转移，目的是服务线下中小微实体企业，业务流程和预付、应收账款、质押存货融资接近。[2] 电商平台供应链金融类似于 B2B 银行供应链金融，是指在电商平台成立小贷子公司，为其会员单位融资，增加了融资单位受众面。郭菊娥等（2019）按照电商平台

---

[1] 史金召，郭菊娥. 互联网视角下的供应链金融模式发展与国内实践研究［J］. 西安交通大学学报（社会科学版），2015，35（4）：10-16

[2] 闫俊宏，许祥秦. 基于供应链金融的中小企业融资模式分析［J］. 上海金融，2017（2）：12-16.

自营与否，将供应链金融划分为第三方平台融资和自运营电商平台融资。[①]国外学者关于 B2B 的电子商务与金融服务结合的研究起步较早。Heng（2001）研究了电商融资的可行性，指出电商为银行等金融机构提供创新产品和服务。[②] 随着大数据日臻成熟、区块链不断应用，互联网+供应链金融的发展前景广阔。

综上所述，关于供应链金融的研究较多，其业务流程多是通用规范，较少结合具体行业分门别类设计适合自身的操作模式，农业供应链金融的研究目前较少，营运模式还未总结，个性化的融资需求难以满足，亟待创新农业供应链金融营运方式和理论，总结出可资借鉴的运营模式。

二、供应链金融实践发展研究

20 世纪 80 年代初，供应链随着经济增长和分工转型，得到迅猛发展。早期供应链聚焦于信息和物品流，较少关注资金和商业流。21 世纪早期，资金流的作用进一步彰显，尤其是中小微型企业因自身实力弱、抵押少、担保难，面临资金流的束缚，无法获得传统金融机构的融资，特别是低息融资，由此催生了供应链金融。供应链金融能够平衡中小微实体企业与传统金融机构的信息失衡状态，助推融资难且贵问题的化解。随着 2007 年美国次贷危机演变为全球金融危机，供应链金融获得了突飞猛进的发展。金融危机导致传统金融融资更加困难，同时企业议价能力提升制约信贷达成，给供应链金融提供了难得的发展机遇。宋华（2017）认为供应链金融需要考虑金融主体和地域范围，以及金融方案和活动范围确定发展阶段和过程。在实践运行中，供应链金融按照主体不同，一般分为四个阶段。[③]

首先是传统供应链金融阶段，以传统金融机构主导。在此阶段，金融

---

① 郭菊娥，史金召，王智鑫.基于第三方 B2B 平台的线上供应链金融模式演进与风险管理研究[J].商业经济与管理，2019（1）：13-22.

② Heng M S H . Implications of ecommerce for banking and finance［M］. Towards the E-Society. Boston, MA：Springer, 2001：317-327.

③ 宋华，卢强.什么样的中小企业能够从供应链金融中获益？——基于网络和能力的视角[J].管理世界，2017（6）：104-121.

机构依托核心企业的信用，委托第三方物流企业监管质押物，为融资企业提供综合性的融资服务。① 鉴于这一时期传统金融机构信息化较低，风险研判较弱，融资主体较窄，贷款期限较长，难以满足中小微型企业融资便捷且便宜的需求。同时，传统银行掌控的供应链金融由于自身是理性经济人，往往从自我金融视角开展供应链金融，即使有核心企业授信，也难以准确研判所在产业供应链特点及运营状况，融资服务脱离实际和风险掌控不足。即便引入中介物流机构进行委托代理，也会造成贷款方与其共谋滋生道德风险，增加了传统金融机构的信贷风险。

其次是线上供应链金融阶段，以产业企业为主、金融机构为辅。线上供应链金融的主体是供应链条中的核心机构、电商平台和流通企业，代替了传统供应链金融的单一金融主体。② 由于核心机构、电商平台和流通企业身处供应链运营网络系统，容易掌控供应链系统的信息、物品、商业、资金及运作流程，提升风险治理能力，供给金融增值服务。线上供应链金融相比线下供应链金融，转变了传统的营运方式，变革了供应链金融的管理理念。将交易、审批、信息搬到线上，简化并规范了供应链金融流程，可以提供跨地域、跨行业服务，扩大了供应链金融企业的参与数量与种类，当然，新技术、新理念的运用，也会产生新的供应链金融风险。

最后是平台供应链金融，以多元主体专业协作为主。随着供应链金融贷款主体多元化、需求多样化、业务复杂化、流程烦琐化，加之"互联网+"技术在供应链金融中的应用，降成本、增效率、快融合成为供应链金融的发展趋势，单纯的线上供应链金融难以跟上时代步伐，亟待协作化的多主体参与供应链金融供给，平台供应链金融应运而生。通过制订供应链金融管理框架，分区管理业务模块，链接交易金融、业务操作、风险管控、结算支付和第三方系统，平台供应链金融能够做到全方位、多层次的流程管理。在实践运行中，平台供应链金融根据搭建维度可以分为纵向和横向

---

① 深圳发展银行、中欧国际工商学院"供应链金融"课题组. 供应链金融：新经济下的新金融 [M]. 上海：远东出版社，2009.
② 宋华. 供应链金融 [M]. 北京：中国人民大学出版社，2015.

两类。纵向平台供应链金融是在原有产业链的基础上，延伸为纵向垂直产业金融平台，多以核心供应链企业为主导。横向是指基于交易或服务信息、区域产业搭建的横向跨产业金融平台，包括阿里巴巴、各地方保税区控制的供应链金融平台。另外，部分P2P互联网金融也通过整合供应链金融，供给中小型贷款，满足了一部分中小微实体企业的融资需求。目前，多元化的金融主体布局供应链金融，拓展了资金渠道，灵活了金融业务，精细化了金融服务，表现出网络化、平台化的特质。①

当前，平台供应链金融逐步与科技创新融合，演变为以金融科技赋能的新层次供应链金融，包括区块链、大数据、云计算、人工智能等新技术带动、新业务模式、新产品服务等，主要是基于信息技术高速发展，数字化供应链全链条，赋能供应链金融，如多维动态数据研判客户交易，有助于准确评估和监控贷款人违约风险。运用区块链技术供应链数据的真实性，采用智能化合约减少信息失衡、道德和操作风险。引入金融科技重构供应链金融系统，破除金融机构依赖于供应链关键企业的信用和抵押物，有助于治理金融风险，提高投融资效率，扩大金融覆盖面。张飒（2020）认为绿色供应链金融将绿色金融理念与供应链金融理念相融合，与传统供应链金融相比，更注重环境保护，可以更好地实现社会效益和经济效益一体化，从绿色供应链金融的概念及主要特征出发，总结梳理了当前国内外开展绿色供应链金融业务的相关做法以及两者之间的差异，分析了国内绿色供应链金融发展中存在的不足，据此提出相关建议。②高连和（2018）基于义乌实践的"群链网"三位一体现代贸易金融产业培育，认为要培育和发展的贸易金融产业的具体表现形式，是与其贸易实体经济结构相对应的"群链网"三位一体现代贸易金融产业体系。要在全球贸易治理、全要素配置、全产业链延伸和全业态培育发展的原则下，建立健全一个由导向机制、运行机制和保障机制三子机制多方面及其相互关系构成的培育机制系统。可

---

① Song H, Yu K, Ganguly A, et al. Supply chain network, information sharing and SME credit quality [J]. Industrial Management Data Systems, 2016, 116（4）：740-758.

② 张飒. 绿色供应链金融的国内外实践与思考[J]. 金融纵横，2019（10）：81-87.

以从战略确定规划、体制机制政策、金融市场中心、技术创新和国际合作等方面采取培育策略。①

尽管供应链金融经过了三个阶段的转型变迁,但是依然难以解决中小微实体企业融资难且贵的问题,相当大一部分中小微企业被排除出供应链金融系统,巨大的资金需求无法得到满足。实践中超过80%的中小微型企业贷款难,融资缺口大,中小微实体企业脱困压力尤甚,亟待不少宝贵的资金投入生产修复,对供应链金融更为渴求,因此,本书也为供应链金融发展提供了重要的研究方向。

三、供应链金融决策优化研究

由于强大的融资能力和创新的组织方式,供应链金融得到广泛的关注,上至国家层面,下至嗷嗷待哺的受到资金束缚的中小微实体企业,为此,学者们开展了广泛而深入的供应链金融融资方式和绩效研究。

1. 关于供应链金融融资决策

供应链金融的参与主体包括金融机构、电商平台、物流商和供应链成员。其中,金融机构是供应链金融的资金来源,一般资本雄厚、管理专业。互联网电商能够为供应链金融提供大数据分析,精确瞄准中小微企业融资需求和动态风险。物流商熟练掌握供应链环节,能有效评估场景真实性。在可行性及最优决策方面,Coleman、James(1988)从企业成本的角度佐证了供应链融资的可行性,认为供应链融资能有效降低企业融资成本②。Tamura(2006)认为供应链与金融行业的结合不仅能降低企业成本,还能丰富金融业务,为金融机构带来更大的利润空间③。肖国云(2017)认为中小企业在自身面临巨大资金缺口的同时缺乏贷款条件,导致其仍普遍面

---

① 高连和. "群链网"三位一体现代贸易金融产业体系的构建——基于义乌实践的中国贸易金融改革开放图景[J]. 社会科学, 2019(3): 55-63.

② Coleman, S. James. Social Capital in the Creation of Human Capital [J]. American Journal of Sociology, 1988, 94: S95-S120.

③ R. Tamura. Human Capital and Economic Development [J]. Journal of Development Economics, 2006, 79(1): 26-72.

临融资困难的困境，而供应链金融的融资模式能有效缓解企业融资难等问题[1]。在融资策略方面，Zhang & Yan（2009）分别提出了在供应链融资中有无第三方物流企业参与的两种融资模式，并利用信息经济学和博弈论等方法分析供应链上不同经济主体间的相互关系，最后提出解决中小企业融资问题的新思路和新方法[2]。Srinivasa、Mishra（2009）通过数值研究表明，在供应链融资中，如果供应链上的一家公司现金足够少，那么供应链融资模式不仅对贷方有利，对零售商和制造商更有利[3]。Wang、Shao、Ou（2014）认为供应链由具有最佳订单数量的单个供应商和单个零售商组成，其通过研究分析发现供应商始终愿意以不超过无风险利率的利率为零售商提供资金，且供应商和零售商建立最佳贸易信用合同后，其利润都将提高且供应链效率始终保持不变[4]。徐迪和李冰（2018）将供应链金融存货质押模式与传统知识产权质押模式结合，运用演化博弈等方法研究不同情况下的演化方向，并得出当减小企业质押成本时，该模式达到最优帕累托状态[5]。Chen（2015）认为当零售商资金存在缺口时，其生产成本和资金规模会影响融资策略[6]。在研究融资决策问题时，更多学者都采用了Stackelbreg博弈模型进行分析。Buzacott、Hang（2004）运用Stackelbreg博弈模型分析在市场需求不确定的情况下金融机构与融资企业的融资决策，并得出银行的利率设置对融资企业的订货数量有较大影响的结论；银行虽存在最

---

[1] 肖国云. 供应链金融对中小企业融资难的缓解效应研究 [J]. 时代金融，2017（26）：153-155.

[2] L. Zhang, G. Yan. The Complex Economic System of Supply Chain Financing [M]. Complex Sciences Springer Berlin Heidelberg, 2009: 736-773.

[3] N. R. Srinivasa. Raghavan, V. K. Mishra. Short-term financing in a cash-constrained supply chain [J]. International Journal of Production Economics, 2009, 134 (2): 407-412.

[4] Y. Wang, Y. H. Shao, J. Q. Ou. The Research on Trade Credit Short-term Financing in a Capital-constrained Supply Chain [C]. 2014 International Conference on Management Science and Management Innovation. Atlantis Press, 2014: 491-505.

[5] 徐迪，李冰. 知识产权质押融资模式演化博弈分析——基于供应链金融视角 [J]. 北京邮电大学学报（社会科学版），2018, 20（04）：36-43.

[6] X. Chen. A model of trade credit in a capital-constrained distribution channel [J]. International Journal of Production Economics, 2015, 159 (3): 47-57.

优利率,其可能会受市场需求、政府监管、融资企业的破产风险等因素影响,所以银行的最优决策会根据融资企业作出的订购量选择进行调整[①]。陶恒清(2017)通过分析各主体间的风险关系并根据 Stackelbreg 博弈模型对供应链金融存货质押模式进行了融资博弈研究,最后总结出最优再订购决策及最优质押率[②]。董兴林、赵洁(2019)从供应链金融应收账款融资模式出发,研究核心企业与融资企业、银行与供应链的双重 Stackelbreg 融资博弈,得出企业的外部损失与担保金额是影响融资的关键因素[③]。杨琦峰等(2019)在供应链金融的基础上,从博弈论角度出发研究在制度信任的条件下融资企业以销售电子订单方式的融资博弈[④]。张保银、车佳玮(2016)通过建立博弈模型,发现供应链金融应收账款融资比传统应收账款融资更具帕累托效率[⑤]。卢宁和马树建(2015)运用 Stackelbreg 博弈理论研究分散决策模型下的最优均衡解,并进行数值分析[⑥]。占济舟和卢锐(2016)运用 Stackelbreg 博弈构建存货质押及商业信用质押两种融资模型,并得出融资策略选择[⑦]。Wang(2019)认为供应链金融互联网电商供应链金融相对于银行类保守型的供应链金融,更有助于增进零售商产品数量,扩大会员的利润分成。在供应链金融解决融资信用担保等方面,供应链核心企业熟悉捉襟见肘的中小微实体企业,能够作为信用担保允诺不良贷款,

---

[①] J. A. Buzacott, R. Q. Zhang. Inventory Management with Asset-Based Financing [J]. Management Science, 2004, 50 (9): 1274-1292.
[②] 陶恒清. 存货质押融资模式下供应链金融业务 Stackelberg 博弈研究 [D]. 福州:福州大学, 2017.
[③] 董兴林, 赵洁. 基于供应链金融的应收账款融资博弈分析 [J]. 中国市场, 2019, 1009 (18): 45-46+58.
[④] 杨琦峰, 杨孝慈, 宋平. 考虑制度信任的供应链金融卖方电子订单融资博弈分析 [J]. 财会月刊, 2019 (10): 132-138.
[⑤] 张保银, 车佳玮. 供应链金融下银行的应收账款融资定价决策 [J]. 统计与决策, 2016 (3): 51-54.
[⑥] 芦宁, 马树建. 基于供应链金融的银行决策分析 [J]. 工业工程, 2015, 18 (4): 72-78.
[⑦] 占济舟, 卢锐. 零售商采购资金约束下供应链融资方式的选择策略研究 [J]. 管理工程学报, 2016, 30 (3): 106-113.

大幅降低银行等金融机构风险,增加了放贷的概率①。Green(2003)最开始研究担保全额信用,认为能够有效解决贷款质押匮乏和高风险信用担保问题。鉴于担保全额信用转嫁风险到核心供应链企业,又催生出不完全信用②。Yan(2016)等认为非全额信用担保能够最大化激励供应链金融成员方,协调供应链金融参与方利益,降低融资风险,满足多样化贷款需求③。Chakuu、Masi、Godsell(2019)对供应链金融的参与主体与融资方式之间的关系进行了进一步分析,将供应链金融融资方式确定为固定资产融资、库存融资、应收账款/应付账款融资④。在供应链金融业务市场数据方面,Lam、Zhan、Zhang(2019)等人采用事件研究方法,分析了 2008 年至 2018 年一季度在中国市场宣布的 177 个供应链金融计划,研究结果显示,提供供应链金融服务的市场价值明显增长,供应链金融为市场价值带来正向作用⑤。在供应链金融融资模式应用方面,鲁其辉等(2012)基于供应链金融应收账款融资模式,研究企业在融资与不融资情况下的决策问题⑥。徐冰瑶(2019)分析了供应链金融应收账款的融资模式,并进一步分析风险及防范策略⑦。

综上所述,当前学者们关于供应链金融融资方式的研究集中于供应链

---

① Wang C, Fan X, Yin Z, Financing online retailers: Bank vs. electronic business platform, equilibrium, and coordinating strategy [J]. European Journal of Operational Research, 2019, 276 (1): 343-356.

② Green A. Credit guarantee schemes for small enterprises: An effective instrument to promote private sector-led groth? [M]. UNIDO, Programme Development and Technical Cooperation Division, 2003.

③ Yan N, Sun B. A partial credit guarantee contract in a capital-constrained supply chain: Financing equilibrium and coordinating strategy [J]. International Journal of Productiong Economics, 2016, 173: 122-133.

④ S. Chakuu, D. Masi, J. Godsell. Exploring the relationship between mechanisms, actors and instruments in supply chain finance: A systematic literature review [J]. International Journal of Production Economics, 2019, 216 (04): 35-53.

⑤ Hugo. K. S. Lam, Y. Z. Zhan, M. H. Zhang, et al. The effect of supply chain finance initiatives on the market value of service providers [J]. International Journal of Production Economics, 2019, 216 (04): 227-238.

⑥ 鲁其辉,曾利飞,周伟华.供应链应收账款融资的决策分析与价值研究 [J].管理科学学报,2012, 15 (05): 10-18.

⑦ 徐冰瑶.基于供应链金融的应收账款融资模式与风险防范策略 [J].时代金融, 2019 (23): 8-10.

二级市场，较多考虑资金约束性中小微企业，混合采用多个融资决策变量。随着供应链金融实践的深入，学者们更加关注三级、四级供应链金融市场，评判信息堆成、违约成本、风险防控等协同融资，作用于供应链金融参与方的收益问题。

2. 关于供应链金融融资绩效

金融有助于资本的保值增值，供应链金融重在提升融资效率，取得绩效最大化。目前关于供应链金融绩效的研究主要包括供应链金融融资渠道和契约选择两个方面。融资渠道差异性影响供应链金融的营运效率。Kouvelis 等（2012）比较了资金约束型中小微零售企业选择传统银行和供应商的融资成本问题，当信贷合同结构较优时，偏向于供应链成员融资，成本相对更低，订单数目更多[1]。Tunca（2018）认为供应链金融风险由供应企业转嫁到需求中介，能够加快资金周转[2]。一般来说，集中决策的供应链金融利润高于分散决策，有助于实现规模效应和双重边际问题。因此，引入契约方式可以调节资金约束型企业的供应链金融，增加供应链整体效益。Lee（2011）认为供应企业担保商贸合同，共担零售企业需求风险、库存负担，能够实现滞销补贴协调[3]。在供应链协调方面，Zhang（2014）认为生产企业过分考虑规避风险，会缩小交货量，难以满足零售企业需求，建议订立订单数与预付款协调的供应链金融[4]。在保仓融资方面，林强（2018）认为奖惩销售回购的方式，有助于保仓融资的协调和供应链金融实现[5]。牛似虎（2017）认为供应链金融对于提升供应链的运作水平，解决供应链中小企业融资问题具有重要作用。其研究基于供应链金融模式，构建供应

---

[1] Kouvelis P, Zhao W. Financing the newsevendor: Supplier vs. bank, and the struciure of optinal trade credit contracts [J]. Operations Research, 2012, 60 (3): 566-580.

[2] Tunca T, Zhu W. Buyer intermediation in supplier finance [J]. Management Sciense, 2018, 64 (12): 5631-5650.

[3] Lee C, Rhee B. Trade credit for supply chain coordination [J]. European Journal of Operational Research, 2011, 214 (1): 136-146.

[4] Zhang Q, Dong M, Luo J, et al. Supply chain coordination with trade credit and quantity discount incorporating default risk [J]. InternationalJournalofProductionEconomics, 2014, 153 (1): 352-360.

[5] 林强, 史红红, 张保银. 销售奖惩和回购策略对保仓融资下供应链协调的影响 [J]. 管理评论, 2018, 30 (9): 209-217.

链中小企业绩效评价指标体系，针对中小企业运作绩效进行实证研究。研究结果表明，供应链金融模式降低了中小企业的融资成本，有效提高了中小企业的运作能力与管理水平①。韩君（2018）运用供应链金融理论，研究了供应链金融、金融信息质量与企业融资绩效间的关系，认为作为新金融时代的创新金融工具，供应链金融提升了企业的融资绩效；金融信息质量作为中介作用机制，在供应链金融与企业融资绩效间发挥着显著的助推效应；增强企业自身的供应链能力，能向资金供给者传递正向信号，提高金融信息质量。宋华（2018）针对现阶段由核心企业主导的供应链金融活动进行多案例研究。通过选取服务于农业、制造业和流通业中小企业的三家核心企业作为样本，对中小企业竞争力和网络嵌入性在实现供应链金融绩效中的作用进行探讨。研究发现，供应链金融不是针对任意中小企业，而是具有一定竞争力和维持必要网络嵌入性的中小企业；核心企业能够对中小企业在结构嵌入性和关系嵌入性上的不足形成补充；中小企业竞争力和网络嵌入性的交互共同促进了供应链金融绩效的提高。②卢强（2019）基于企业能力理论中"企业能力—竞争优势—企业绩效"的基本理论逻辑，构建了中小企业创新能力与市场响应能力通过供应链融资方案的采用影响供应链融资绩效的理论模型，并结合信息不对称理论，探索供应链金融降低借贷双方之间事前与事后信息不对称的作用机制，同时采用准复制研究方法，结合多元回归分析与模糊集定性比较分析。③宋华（2019）基于创新生态系统的研究视角，以价值共创为主要线索，遵循行为—能力—融资绩效的分析逻辑，探讨科技型中小企业以"内修外扩"来缓解自身资金压力的具体机制，聚焦于企业的两类创新能力（内部创新潜力和开放式协同创新能力），并由此区分了两种创新能力的来源（企业内部整合和外

---

① 牛似虎，方继华，苏明政．基于供应链金融的中小企业绩效评价与实证［J］．统计与决策，2017（1）：64-66．
② 宋华，杨璇．中小企业竞争力与网络嵌入性对供应链金融绩效的影响研究［J］．管理学报，2018（4）：616-624．
③ 卢强，刘贝妮，宋华．中小企业能力对供应链融资绩效的影响：基于信息的视角［J］．南开管理评论，2019（6）：122-136．

部整合活动），探讨科技型中小企业利用内外部整合活动和两类创新能力来提高融资绩效的具体路径。通过对国内 249 家科技型中小企业样本的实证分析表明，在创新生态系统中，中小企业内外活动和能力在提高其融资绩效的作用中存在互补关系，并且外部协同网络在提高中小企业竞争力中起着更重要的作用。① 李晓青（2020）基于社会网络理论，建立了融合可持续供应链金融、环境规制、融资绩效间的概念模型，并以 386 份来自中小企业高管的数据进行实证检验，认为经济、社会、环境三个层面的可持续供应链金融均能够显著提升中小企业融资绩效；命令控制型环境规制，能够增强社会、环境层面可持续供应链金融与融资绩效的正相关关系；市场激励型环境规制，能够增强三维度可持续供应链金融与融资绩效的正相关关系。② 陈思洁（2020）基于企业动态能力的能量转化机制，探索了中小企业利用企业网络和企业能力来提高自身融资绩效的有效途径，认为中小企业利用健康的企业网络来提高融资绩效需要经过两个过程，即加入健康的企业网络有助于中小企业提高双元能力，进而提高企业在网络中的地位，最终有助于企业融资绩效的提升。以 295 个制造行业的中小企业样本数据，研究证明了双元能力和网络嵌入性在网络健康性与中小企业融资绩效中的链式中介作用。③

综上所述，当前供应链金融融资绩效的分析，从单个衍生到供应链整体，但是定量分析电商供应链金融的研究不多。在供应链金融技术对参与方决策和效益的影响方面有待增强。供应链金融由二级向三级、四级发展，专业化更强，委托代理更多，风险管控、激励约束和利益协调均是下一步供应链金融研究的突破点。

---

① 宋华，陈思洁. 供应链整合、创新能力与科技型中小企业融资绩效的关系研究［J］. 管理学报，2019（3）：379-388.
② 李晓青，郑小妮，刘金豪. 可持续供应链金融如何影响中小企业融资绩效——基于环境规制视角［J］. 金融监管研究，2020（3）：70-84.
③ 陈思洁，宋华. 供应链金融视角下企业网络与企业能力对中小企业融资绩效的影响——一个链式中介模型［J］. 商业经济与管理，2020（4）：18-28.

四、供应链金融风险管理研究

由于供应链金融业务复杂、产业多元、系统庞大，供应链金融投融资往往蕴含着供需、信用、中断、市场、操作等风险，成为制约供应链金融的瓶颈，必须加强供应链金融风险治理，促进其可持续发展。学者们关于供应链金融风险管理进行了广泛研究，在构建风险指标体系方面，He、Tang（2012）构建了可视化平台，创新了供应链金融的业务模式和风险防范方法。① Cai、Qian、Bai（2019）等人构建了基于 BP 神经网络的供应链金融风险评估模型，探索供应链金融风险评估的影响因素，并建立供应链金融风险评估指标体系。② Shi 和 Guo（2015）通过构建风险指标评价体系，在泰尔指数的基础上运用多层次灰色评价方法对融资企业的风险进行分析。③ 薛静（2016）等采取构建不同类型风险指标体系，将供应链金融风险归纳为信用风险、操作风险、道德风险。④ 中小企业供应链金融信用风险方面，Zhang 和 Hu（2015）运用 SVM 方法，评估中小企业的信用风险，指出 SVM 方法优于 BP 网络评估模型。⑤ 史若非（2019）运用 SPSS 对供应链金融中融资企业的信用风险进行了分析，并提出对策建议。⑥ 刘兢轶等（2019）运用因子分析法和 Logit 模型构建了供应链金融融资企业信用风险体系，并根据结论得出建议。⑦ 汤佩红（2019）运用定性研究法，分别构

---

① X. He, L. Tang. Exploration on building of visualization platform to innovate business operation pattern of supply chain finance [J]. Physics Procedia, 2012, 33 (5): 1886-1893.

② X. Cai, Y. F. Qian, Q. S. Bai, el al. Exploration on the financing risks of enterprise supply chain using Back Propagation neural network [J]. Journal of Computational and Applied Mathematics, 2020, 367.

③ J. Z. Shi, J. E. Guo, S. B. Wang. Credit risk evaluation of online supply chain finance based on third-party B2B E-commerce Platform: an exploratory research based on china's practice [J]. International Journal of u- and e- Service, Science and Technology, 2015, 8 (5): 93-104.

④ 薛静. 商业银行供应链金融风险防范研究 [J]. 中国市场, 2016 (10): 38-39.

⑤ L. Zhang, H. Hu, D. Zhang. A credit risk assessment model based on SVM for small and medium enterprises in supply chain finance [J]. Financial Innovation, 2015, 1 (1): 1-21.

⑥ 史若非. 供应链金融下中小企业信用风险的实证分析 [J]. 现代营销（信息版），2019 (12): 7-8.

⑦ 刘兢轶, 王彧婧, 王静思. 供应链金融模式下中小企业信用风险评价体系构建 [J]. 金融发展研究, 2019 (11): 63-67.

建并研究了供应链金融各个模式下的信用风险体系。① 崔婷（2016）从实证方面对供应链金融中的融资企业的风险进行了研究，并认为影响供应链金融融资企业的信用风险指标较多，且指标多源于融资企业的自身状况和核心企业的信用状况。② 大部分学者认为，供应链金融的主要风险是信用风险。刘德红（2020）通过 CiteSpace 软件对 2009 年至 2019 年发表在 CSSCI 以及 SCI 和 SSCI 期刊上的国内外供应链金融领域 724 篇论文进行分析，将供应链金融领域的国内外研究历程、热点与趋势进行可视化分析。在供应链金融内涵的研究方面，国际与国内文献根据供应链金融研究视角与发展历程的不同，有着较为明显的划分。在供应链金融风险管理领域，现有研究可分为两大类：第一类为针对整体供应链金融风险来源进行的风险管理策略研究，第二类为针对各类特定风险的评估指标研究以及基于评估指标的风险管理模型研究。未来，供应链金融应深化一般理论的研究，加强融资绩效的探讨，注重未来创新的优化，并拓展风险管理的方式。③

在内部管理风险、控制风险、规避风险方面，Shearer、Diamond（1999）提到对于银行而言风险评级非常重要，且银行现有的风险评级不再适用于供应链金融模式中。④ Jokivuolle、Peura（2003）通过构建关于担保价值和违约率的模型，对融资企业的担保物进行研究。⑤ Cossin、Hricko（2003）构建了信用风险定价模型，研究了融资企业的担保物。⑥ 李毅学等（2007）通过重随机泊松过程构建模型并确定质押商品贷款价值比率，使

---

① 汤佩红. 中小企业信用风险研究——以供应链金融为背景［J］. 中外企业家，2019（29）：22－23.
② 崔婷. 供应链金融模式下中小企业信用风险评估研究［D］. 太原：山西财经大学，2016.
③ 刘德红，田原. 供应链金融内涵与风险管理研究进展及展望［J］. 经济问题，2020（7）：53-60.
④ A. T. Shearer, S. K. Diamond. Shortcomings of risk ratings impede success in commercial lending［J］. Commercial Lending Review, 1998, 14（3）：22-30.
⑤ E. Jokivuolle, S. Peura. Incorporating collateral value uncertainty in loss given default estimates and loan to value ratios［J］. European Financial Management, 2003, 9（3）：299-314.
⑥ D. Cossin, T. Hricko. A structural analysis of credit risk with risky collateral：A methodology for haircut determination［J］. Economic Notes, 2003, 32（2）：243-282.

银行缓释库存商品的信用风险。[①] 汤迪（2012）通过对银行担保物质押率研究，得出对于质押率而言融资企业违约率和担保物市场价值都非常重要。[②] 王文利、骆建文（2013）探讨了银行设定风险上限对供应链金融融资策略的影响。[③] 依据质押物季节性限制等性质的差异，银行风险管理向侧风险规避演进。李毅学等（2009）分析了供应链中融资企业的现金流状况，并运用银行下侧风险规避方式分析季节性质押物的融资问题，最后得出银行下侧风险规避方式能有效控制风险的发生。[④] 宋华（2018）基于一个整合性框架研究了供应链金融风险来源与系统化管理，建议从结构、流程和要素三个维度来考虑供应链金融的风险管理问题，以有效应对不同来源的供应链金融风险，实现一定的融资绩效。其中，结构维度包括供应链网络结构和业务结构两个方面，流程维度包括收入自偿导向下的交易流程和垂直化的管理结构，要素维度包括全供应链网络的信息治理和融资企业的声誉资产化。构建一个整合的供应链金融风险管理框架，可以体现供应链金融风险对供应链金融绩效的影响，有助于从结构、流程、要素等维度对风险进行管理和控制。[⑤] 李光荣（2020）基于系统科学视角分析供应链金融信用风险影响因素，通过提出诱因分析假设、设计调查问卷，构建结构方程模型，探究供应链金融信用风险形成的基本路径，并建立系统动力学模型，研究供应链金融信用风险演进过程中系统要素的作用机制。结果表明，核心企业信用风险、融资企业信用风险、外部环境风险和供应链金融信用风险正相关；风险中介有效降低了融资企业的信用风险，从而减缓了供应链金融信用风险；供应链关系质量越高，对供应链金融信用风险缓

---

① 李毅学，徐渝，冯耕中等.重随机泊松违约概率下库存商品融资业务贷款价值比率研究［J］.中国管理科学，2007，15（1）：21-26.

② 汤迪.供应链金融存货融资的担保物风险控制研究［D］.杭州：浙江工商大学，2012.

③ 王文利，骆建文，张钦红.银行风险控制下的供应链订单融资策略研究［J］.中国管理科学，2013，21（03）：71-78.

④ 李毅学，冯耕中，屠惠远.供应链金融创新中下侧风险规避银行的贷款额度分析［J］.系统科学与数学，2009，29（11）：1552-1558.

⑤ 宋华，杨璇.供应链金融风险来源与系统化管理：一个整合性框架［J］.中国人民大学学报，2018（7）：119-128.

释作用越明显；信息技术对提高供应链金融信用风险管控效率与效果起关键作用，信息技术应用基础越好，风险越低。[1]

在供应链金融风险管控方面，如识别、测量、预警、控制等步骤，以风险测量和防控为主。风险测量是供应链金融业务的前端，直接影响到后续识别、预警、控制供应链金融风险。作为供应链金融的事先环节，包括供应链金融信用评级等内容。Leung、Kwok（2009）创建了马尔可夫链方法研究关联企业间的信用风险传染，指出集群违约的主因是信用风险传染。[2] Petrone、Latora（2018）导入 PD 动态模型量化系统性风险，结合信用风险与网络上的传染机制，通过多周期蒙特卡罗仿真，得到了潜在损失分部。[3] 熊熊等（2009）提出了考虑主体评级和债项评级的信用风险评价，构建信用风险评价模型，减少依靠专家评价的局限。[4] 另外，胡海青等（2012）结合核心企业资信情况及供应链关系情况，运用支持向量机构建信用风险评估模型，验证小样本下 SVM 信用风险评估模型要优于 BP 神经网络算法建立的模型，以及新的中小企业信用风险评估指标体系能更加准确的评级。[5] 李梦宇、周莹（2015）采用信用风险结构化模型，同时将核心企业对上游供应商的传染效应考虑进来，通过为银行提供合理地贷款利率定价公式帮助银行弱化风险和保证收益。[6] 构建降低操作风险的定性和定量的模型一直是金融从业者关注的焦点，但是聚焦供应链金融操作风险的研究较少，并且集中于测度供应链金融操作风险。当前国内学者测度供

---

[1] 李光荣，赵斯昕. 复工复产背景下供应链金融信用风险演进机理与管理研究——基于 SEM-SD 模型［J］. 商业研究，2020（5）：112-122.

[2] Leung K S, Kwok Y K. Counterparty risk for credit defaut swaps: Markow chain interacting intensities model with stochastic intensity［J］. Asia-Padific Financial Markets, 2009, 16（3）：169-181.

[3] Petrone D, Latora V. A dynamic approach merging network thery and credit risk techniques to assess systemic risk in financial networks［J］. Scientific Reports, 2018, 8（1）：5561.

[4] 熊熊，马佳，赵文杰等. 供应链金融模式下的信用风险评价［J］. 南开管理评论，2009，12（4）：92-98.

[5] 胡海青，张琅，张道宏. 供应链金融视角下的中小企业信用风险评估研究——基于 SVM 与 BP 神经网络的比较研究［J］. 管理评论，2012，24（11）：70-80.

[6] 李梦宇，周莹. 供应链融资风险传染度量及贷款利率定价［J］. 统计与决策，2015（20）：152-156.

应链金融操作风险的方法主要是 VAR、贝叶斯网络法、模糊层次分析法。于辉（2019）梳理了我国商业银行供应链金融及风险管理现状、基于T银行供应链金融风险管理进行了纵深的案例探讨，分析得出了以T银行为代表的商业银行在供应链金融风险管理中存在的问题，同时借鉴在供应链金融风险管理上处于先进水平的平安银行和渣打银行的管理经验，最终提出完善我国商业银行供应链金融风险管理的建议。首先要优化供应链金融风险管理流程，完善系统以提高供应链金融风险识别的准确性，强化内部控制以防范操作风险；其次是丰富供应链金融的风险管理手段，通过加强与第三方平台合作、建立专门针对供应链金融的信用风险评价体系等方式提高商业银行供应链金融风险管理能力；最后是构建供应链金融风险监督体系，建立合理的供应链金融准入门槛和有效的贷后预警机制来及时有效的反馈和应对供应链金融风险。[①]

在供应链金融风险防控中，一是供应链金融信用风险防控，包括贸易型信贷保险运用到供应链金融投融资流程。Jones（2010）认为贸易型信贷保险能够显著提升供应商销售额，降低信用风险损失，增强业务盈利能力。[②] Li 等（2016）构建了贸易型信用保险模型，验证了传统金融机构在一定范围内的保费率时，更易提高制造商利率，而非优化融资条件。[③] 二是供应链金融市场风险防控，包括明晰贷款利率和质押率等风险控制指标、融资企业套期保值稳定货价、多元货物质押组合分散风险。李毅学等（2010）认为设定合适的风险控制指标将直接影响到业务的开展水平，包括利率和质押率由金融风险管理工具确定，最优决策或者敏感度由运营策略确定。对冲金融市场中的金融衍生品也是风险管理的重要工具，能够根

[①] 于辉. 我国商业银行供应链金融风险管理研究［D］. 天津财经大学，2019.

[②] Jones P M. Trade credit insurance［M］. Primer Series on Insurance. Washington, DC：world Bank，2010.

[③] Li Y, Zhen X, Cai X. Trade credit insurance, capital constraint, and the behavior of manufacturers and banks［J］. Annals of Operations Research，2016，240（2）：395-414.

据价格变化和不确定性需求对冲风险。[①] Jin、Turvey（2002）分析了与标的物资产价值相关的大宗商品农业信贷情况。[②] 熊熊等（2009）针对国内市场环境，设计了套期保值的供应链融资模式。[③] 林强和徐晴（2018）构建预付款融资的期权契约模型，研究了零售商主导、供应商资金约束的二级供应链，验证供应商的自有资金不小于某临界值时可以实现供应链协调。[④] Hua 等（2019）基于期权契约研究了二级供应链的联合订购和融资问题，可通过增加期权契约订购量提升供应链绩效。[⑤] 在组合质押物减少市场风险方面，构建合理的质押物组合能够分散质押物价格变动风险，运用金融风险管理工具，将贷款企业的信用风险替换为质押物价格风险。何娟等（2015）采用分散化投资思想，优化了供应链金融质押物组合方法。[⑥] Drenovak 等（2017）降低帕累托最优投资组合的基数，改进了新的均值资本需求组合方案。[⑦] 范方志（2017）认为由于供应链金融模式下的信息不对称及风险传染，中小企业存在着较大的信用风险，如何对信用风险进行评价和防控显得尤为重要。笔者在前人研究的基础上，结合互联网金融大数据的思维和数据挖掘方向筛选出了评价指标，建立了供应链金融模式下中小企业信用风险的评价体系和评价模型，采用定性与定量的分析方法评价出中小企业信用风险，发现中小企业的风险最主要还是来自自身，因此要回归到金融服务实体经济这一本质要求来加强风险管理。在此基础上，笔者

[①] 李毅学，汪寿阳，冯耕中等. 一个新的学科方向——物流金融的实践发展与理论综述 [J]. 系统工程理论与实践，2010，20（1）：1-13.

[②] Jin Y, Turvey C G. Hedging financial and business risks in agriculture with commodity-linked loans [J]. Agricultural Finance Review, 2002, 62（1）：41-57.

[③] 熊熊，马佳，赵文杰等. 供应链金融市场风险控制套期保值方法研究 [J]. 金融论坛，2009，14（9）：5-12.

[④] 林强，徐晴. 预付款融资下期权契约的协调研究 [J]. 运筹与管理，2018，27（6）：172-183.

[⑤] Hua S, Liu J, Cheng T. Financing and ordering strategies for a supply chain under the option contract [J]. International Journal of Production Economics, 2019, 20（8）：100-121.

[⑥] 何娟，王建，蒋祥林等. 基于 Copula-CVAR-EVT 方法的供应链金融质物组合优化 [J]. 系统工程理论与实践，2015，30（1）：1-16.

[⑦] Drenovak M. Market risk management in a post-Basel 2 regulatory invironment [J]. European Journal of Pperational Research, 2017, 257（3）：1030-1044.

建立了银行、核心企业和中小企业的三方博弈模型,分析了供应链金融各参与主体的风险分担原则,并且依据评价结果和博弈结论,提出了推动中小企业创新发展、建立健全社会信用体系、加强银行风险管理水平等政策建议。①

综上所述,当前供应链金融风险管理研究有所缺失,聚焦于风险测度和防控方面。前者以信用风险为主,往往运用静态数据,动态数据分析不足,市场和操作风险测度亟待加强。风险防控也偏重于贸易型信贷保险、金融风控指标以及衍生品等措施,金融工具运用较少。

五、农业供应链金融风险研究

当前,学者们关于农业供应链金融的研究不多。一是农业供应链金融的博弈决策研究方面。杨兵兵(2015)运用 Stackelbreg 博弈方法,从理论和实务层面,研究了农业供应链金融的融资模式,评判农业中小企业、银行、核心企业间的最优决策。② 庞金波等(2014)采取博弈方法,比较了农业供应链与传统金融的质押模式,论证农业供应链金融更能推动参与主体实现最优博弈均衡。③ 焦贝贝、郑风田(2016)运用贝叶斯模型方法,构建了活农产品融资的保仓模式,认为农业供应链金融更能实现收益最大化及订货决策最优。④ 严畅(2017)分析了鲜活农企供应链金融的应收账款是否资金约束的最优融资策略。⑤ 二是农业供应链金融中的农户融资问题。林强、叶飞(2014)运用纳什协商模型,对比分析农民与公司在农业供应链金融是否集中决策下的最优决策问题,推进龙头企业与农户间的利

---

① 范方志,苏国强,王晓彦.供应链金融模式下中小企业信用风险评价及其风险管理研究[J].中央财经大学学报,2017(12):34-43.
② 杨兵兵.基于 Stackelberg 博弈的农业供应链金融模式研究[D].浙江大学,2015.
③ 庞金波,林琳,辛立秋.农业供应链金融主体博弈分析[J].经济研究导刊,2014(29):211-213.
④ 焦贝贝,郑风田.保仓模式下鲜活农产品零售商最优订货策略分析——基于贝叶斯模型[J].物流工程与管理,2016,38(01):12-15.
⑤ 严畅.鲜活农产品供应链金融应收账款融资研究[D].华南理工大学,2017.

益协调。① 叶飞、王吉璞（2017）将农民与公司组合起来研究农业供应链的协调问题，结果表明风险规避的农民与风险中性的公司通过纳什谈判均能达到帕累托改进。② 李金玲（2018）运用多层 Logit 模型，分析农业供应链金融和农户发展，构建农户供应链金融创新融资模式。③ 刘超等（2019）基于演化博弈理论，对农民、核心企业、P2P 平台构建博弈模型，分析其最优决策并通过数值分析探讨其影响轨迹。④ 李佳等（2019）运用案例分析法对六个不同的"企业+农民+合作社"融资模式的具体案例进行分析，研究基于供应链金融环境中农民和合作社融资模式的选择问题。⑤ 三是农业供应链金融视角创新。苟延杰（2020）从产业互联网视角下研究了农业供应链金融模式创新。农业产业互联网用"平台思维"将整个产业连接起来，产业链上下游企业互利合作、相互依存，让"规模小、分布散、实力弱"的农业主体形成利益共同体，为发展农业金融奠定良好产业基础，为破解农业供应链金融难题提供了新思路、新模式。产业互联网背景下，农业供应链金融核心三要素：产业生态、生产性服务、大数据产生了新的变化，产业生态由"分散"转变为"融合"，生产性服务业由"寄生"转变为"共赢"，大数据由"工具"转变为"思维"，各要素之间"化零为整"。基于产业互联网思维，搭建"4+5+5"的农业供应链金融服务体系，为发展农村金融业务提供了一个完整的范式。农业供应链金融不是简单的金融问题和产业发展问题，而是需要构建一个"跨界、赋能、整合、共生、协同"的农业产业生态，聚合各类政策要素、资本要素、产业要素和人才要素，为发展农业供应链金融培育良好的组织环境、产业环境，形成供应

---

① 林强，叶飞."公司+农民"型订单农业供应链的 Nash 协商模型 [J]. 系统工程理论与实践, 2014, 34（07）：1769-1778.
② 叶飞，王吉璞. 产出不确定条件下"公司+农民"型订单农业供应链协商模型研究 [J]. 运筹与管理，2017，26（07）：82-91.
③ 李金玲. 供应链金融视角下农民融资模式创新研究 [D]. 西北农林科技大学，2018.
④ 刘超，朱高宏，康艳青. P2P 平台下农村供应链融资的风险控制策略研究 [J]. 金融理论与实践，2019，478（05）：107-115.
⑤ 李佳，马雅恬，罗建利. 供应链金融视角下农民合作社的融资模式 [J]. 广东农业科学，2019，46（04）：165-172.

链金融运营的核心能力，让农业供应链金融完成从"点式"向"生态链"的演变。① 申云（2020）基于不同主体领办合作社的实证比较了农业供应链金融信贷的减贫效应。她认为农业供应链金融对于积极助推金融扶贫，联结小农户与大市场具有重要作用。从农民合作社的视角，以 A-F 双界线分析法构建农户多维贫困综合指数，采用倾向得分匹配—双重差分法（PSM-DID）比较评估了不同主体领办型农民合作社供应链金融信贷对农户多维贫困状况的影响。② 吴尚燃（2020）在大数据背景下研究社会资本参与绿色农业供应链的融资机制，认为农业资本投入不足和抑制社会资本并存，农业供应链金融能够助推乡村振兴和金融扶贫，亟待增强社会资本参加农业供应链，提供融资效率和活力。③ 在农业供应链金融风险管控方面，相关学者的研究较少。潘永昕（2020）运用基于解释结构模型，探究了农业供应链金融风险生成因素，从核心企业的选择、供应链各主体之间利益关系的稳定性、低成本地获取供应链上合作方的信息并促进信息在供应链上有效共享、降低由于自然灾害和宏观经济环境等变化带来的农产品生产和经营风险四个方面着手，建立有效的农业供应链金融风险防控体系，要求金融机构、供应链上各方参与主体、地方政府等各方面的相互配合和积极互动④。付玮琼（2020）从供应链金融视角下预警及防范了中小农业企业信用风险，认为银行应从供应链金融整体角度关注中小农业企业信用风险，才能有效地防范风险的传递和扩散。通过分析三种典型的农业供应链融资模式的运作机理，找出信用风险的影响因素，形成较为科学的信用风险预警指标体系；利用 logistic 回归分析构建基于违约概率的中小农业企业信用风险预警模型；实证研究表明该模型可以作为农业中小企业信用风

---

① 苟延杰. 产业互联网视角下农业供应链金融模式创新研究［J］. 四川轻化工大学学报（社科版），2020（2）：33-52.

② 申云. 农业供应链金融信贷的减贫效应研究：基于不同主体领办合作社的实证比较［J］. 经济评论，2019，（4）：94-107.

③ 吴尚燃. 大数据背景下社会资本参与绿色农业供应链的融资机制研究［J］. 农村经济，2020（5）：39-42.

④ 潘永昕. 农业供应链金融风险生成因素探究：基于解释结构模型［J］. 农村经济，2020（7）：103-110.

险预警的理想工具。① 李光荣（2020）采集了黄河中上游五省区的780份调查数据，研究了农业供应链金融信用风险成因。构建结构方程模型，依据来自黄河中上游流域五个省区780份调研数据展开的实证研究发现：就农业供应链金融信用风险而言，所提出的因子分析系统框架能够系统反映其影响因素；核心企业与融资企业作为主要参与主体，对其影响颇为关键，同时，作为信用风险直接载体的融资资产其风险属性影响显著；自然环境和经济环境因素是对其产生重要影响的外在因素；产业政策和风险中介服务是重要的系统影响因素；供应链关系影响不容忽视，供应链关系质量是影响供应链关系的深层次因素，网络信息技术应用效果有待提升。② 四是推动"三权"质押，学者们进行了探讨并提出建议。Han（2013）认为解决三农问题的主要障碍是由于缺乏有效的抵押品导致信贷资金短缺造成的，因此其分析了农民集体土地和房屋使用权抵押的法律风险，并提出建议。③ 卫明和廖丹萍（2011）运用档案分析法和调查法对农民与"三权"抵押融资进行了探讨，并针对如何顺利推进"三权"抵押融资给出相应的建议。④ 胡建（2015）从司法的角度讨论了土地质押的基本法律问题，提出土地质押在国家政策层面已获得国家肯定。⑤ 杨红朝（2018）对"三权分置"与"土地承包经营权"进行了相关制度的研究，对"三权分置"的可行性提供了制度上的支持。⑥ 高小刚和谷昔伟（2019）针对新修订的《农村土地

---

① 付玮琼. 供应链金融视角下中小农业企业信用风险预警及防范研究［J］. 贵州社会科学，2020（4）：158-168.

② 李光荣. 农业供应链金融信用风险因子研究——黄河中上游五省区的780份调查数据［J］. 财经理论与实践，2020（3）：17-24.

③ X. Han. The Legal Risks in Mortgage of the Usufruct of Collective Land and Constructions and the Countermeasures［A］. Information Engineering Research Institute，USA. Proceedings of 2013 3rd International Conference on Education and Education Management（EEM 2013）Volume 27. Information Engineering Research Institute，USA：Information Engineering Research Institute，2013.

④ 卫明，廖丹萍. 我国农村"三权"抵押融资发展现状及对策建议［J］. 安徽农业科学，2011，39（20）：12499-12501.

⑤ 胡建. 农村土地抵押法律问题研究［D］. 西南政法大学，2015.

⑥ 杨红朝. "三权分置"下承包土地经营权抵押融资的制度供给［J］. 江苏农业科学，2018，46（20）：370-373.

承包法》中农地经营权的性质和农地经营权的担保方式从制度、路径、性质方面进行了进一步的分析。[①] 丁静茹（2019）针对我国土地经营权质押融资模式进行了研究，采用文献研究法、案例研究法、交叉学科研究法对相关政策进行解读，分析其困境并提出完善建议。[②] 在"三权"发展的实际案例方面，李宝忠（2014）认为有效利用"三权"是解决农村金融难题的有效途径，因此，其根据重庆市的成功经验为"三权"融资模式提出相关切实的建议。[③] 左鑫（2016）基于云南省的实地调研数据，从宏观与微观两个层面分析"三权"质押目前面临的困境和影响"三权"质押融资意愿的影响因素，并分别提出相应建议。[④] 吴天强等（2019）运用案例分析法和比较分析法探究了上海和宁夏两地区县的农地经营权抵押模式的异同，并提出进一步完善建议。[⑤] 总体来说，"三权"质押的融资模式尚在探索之中，尚有很大的操作及提升空间。

六、供应链金融发展趋势研究

学者们在供应链金融的发展趋势方面进行了广泛探索，主要包括四个方面：一是供应链金融的根基是网络生态。供应链中的企业不是独立存在，而是镶嵌于网络结构之中，约束着获取和利用资源的能力。[⑥] 中小企业融资难且贵的主要原因是信息不对称，运用供应链网络，供应链金融能够缓解投融资双方机构之间的信息不对称，提高中小企业融资绩效。[⑦] 包括探究社会网络如何增强小微企业获得融资的可能性，何种类型的中小企业可

---

① 高小刚，谷昔伟."三权分置"中农地经营权融资担保功能之实现路径——基于新修订《农村土地承包法》的分析［J］. 苏州大学学报（哲学社会科学版），2019，40（04）：72-82.
② 丁静茹."三权分置"背景下土地经营权抵押融资制度研究［D］. 山西财经大学，2019.
③ 李宝忠. 我国农村"三权"抵押融资问题研究［D］. 上海交通大学，2014.
④ 左鑫. 云南省农村"三权"抵押贷款融资问题及对策研究［D］. 云南师范大学，2016.
⑤ 吴天强，马佳，杨德利，等. 农地经营权抵押融资模式的比较探究——以上海市金山区与宁夏回族自治区同心县为例［J］. 上海农业学报，2019，35（05）：115-122.
⑥ Carnavale S. Broadening the perspective of supply chain finance: The performance impacts of network power and cohesion［J］. Journal of Purchasing and Supply Management，2019，25（2）：134-145.
⑦ Hofmann E. A supp；y chain-oriented approach of working capital management［J］. Journal of business Logistics，2010，(2)：305-330.

以从供应链金融中获益,以及供应链网络中的知识溢出和获取如何提高中小企业的信用质量。① 二是供应链金融的动力是科技赋能。伴随着人工智能、区块链、云计算、大数据等新兴通信技术的运用,人工智能、云计算与大数据的结合为供应链金融及其风险控制提供了新途径。Li 等(2018)利用大数据技术对供应链中的客户需求进行分析,可以高效且精准地为客户提供服务。② Yuan 等(2019)融合复杂网络、大数据、全息画像于供应链金融,国建商业行为下的交互评估企业信用风险新方法。③ 区块链去中心、不更改、守秘密等特点,有助于化解金融主体信息失衡难题④、提升中小微型企业信用度。运用区块链衍生技术尽可能降低道德及运营操作风险⑤,融合供应链金融与区块链,推进金融技术更新与可持续发展,助推深度获取交易数据、清算业务速度明显加快、金融风险管控水平逐步提高⑥。三是供应链金融的远期目标是社会职责。供应链金融短期内是增强供应链中各主体的经济效益,缓解中小微企业融资难且贵问题,长期来看是要承担一定的社会职责。如供应链的物品、信息、商业和资金资源承载可持续,供应链参与主体及普惠金融良性持续运转。增强供应链金融可持续显得尤为迫切,通过律师供应链降本增效、变废为宝、化"垃圾"腐朽为金融神奇⑦。供应链金融公司运营中融入环境解决机制,保护参与者及

---

① Song H. How to knowledge spillover and access in supply chain network enhance SME credit quality? [J]. Industrial Management Data Systems, 2019, 119 (2): 274-291.

② Li L. Customer demand analysis of the electronic commercr supply chain using Big Data [J]. Annals of Operations Research, 2018, 268 (2): 113-128.

③ Yuan G X. The dynamical mechanism for SMEs evolution under the hologram approach [J]. SSRN 3325013, 2019.

④ Chod J. On the financing benefits of supply chain transparency and blockchain adopyion [J]. Management Science, 2020. https://doi.org/10.1287/mnsc.2019.3434.

⑤ Guo Y. Blockchain cpplication and outlook in the banking industry [J]. Financial Innovation, 2016, 2 (1): 24.

⑥ Hofmann E. Discussion-How does the full potential of blockchain technology in supply chain finance look like? [M]. Scpply Chain Finance and Blockchain Technoligy. Cham: Springer, 2018: 77-87.

⑦ Tseng M L. Repring of: Service innovation in sustainable product service systems: Improving performance under linguistic preferences [J]. International Journal of Production Economics, 2019. 217: 159-170.

利益相关者权益,增强供应链金融主体的环境协调性、综合效益可持续性。① Zhan 等(2018)捕获了支付对供应链中供应商的可持续努力的影响,并探索了每种融资机制在何种情况下有利于参与者。② 三是供应链金融的"三权"质押融资。Besley(1993)对于农地产权质押的研究较早,认为农地产权抵押模式不仅能增加农民抵押物的价值,同时对农民金融融资也非常有利。③ Feder、Onchan & Raparla(1988)认为若金融机构认可农民通过农地产权抵押的融资模式,对农民及家庭而言将会是正面的影响。④ Deininger、Binswanger(1999)认为对于发展中国家来说,要解决农民融资难等问题,农地产权的变革是主要途径。⑤ Carter & Olinto(2003)认为若农民运用农地进行抵押融资,能大幅度提升农民的信用状况。⑥ Wegren(2003)通过对俄罗斯农民的研究,发现在俄罗斯农民利用农地产权抵押融资的市场占比非常大且市场非常活跃。⑦ 卫明和廖丹萍(2011)认为农民融资需求强烈但抵押物不足且非正规渠道较多,导致农民融资被拒的情况普遍发生,但"三权"抵押融资模式对破解农民贷款难有着非常良好的作用。⑧ 王过关(2018)认为农民发展的限制制约了我国农村、农业的发展,而传统的抵押贷款融资模式对于农民与金融机构都存在众多不良因素,导致农

---

① Carter C R. Sustainable supply chain management: Evolution and future diretions [J]. International Journal of Physical Distribution and Logistics Management, 2011, 41 (1): 46-62.

② Zhan J. The impact of financing mechanism on supply chain sustainability and efficiency [J]. Journal of Cleaner Production, 2018, 205: 407-418.

③ T. Besley. Property Rights and Investment Incentives: Theory and Micro-Evidence from China [J]. Papers, 1993, 103 (5): 903-937.

④ G. Feder, T. Onchan, T. Raparla. Collateral, Guarantees and Rural Credit in Developing Countries: Evidence from Asia [J]. Agricultural Economics, 1988, 2 (3): 231-245.

⑤ K. Deininger, H. Binswanger. The effects of land sales restrictions: evidence from south India [J]. Agricultural Economics, 1999, 21 (3): 279-294.

⑥ M. R. Carter, P. Olinto. Getting Institutions "Right" for Whom: Credit Constraints and the Impact of Property Rights on the Quantity and Composition of Investment [J]. American Journal of Agricultural Economics, 2003, 85 (1): 173-186.

⑦ S. K. Wegren. Why rural Russians participate in the land market: facto-rs socio -economic [J]. Post-Communist Economies, 2003, 15 (4): 483-501.

⑧ 卫明,廖丹萍. 我国农村"三权"抵押融资发展现状及对策建议 [J]. 安徽农业科学, 2011, 39 (20): 12499-12501.

民抵押、金融机构接受抵押放贷的意愿极低，因而其研究了土地经营权担保的抵押融资模式并验证了其可行性。通过上述研究发现，在融资过程中抵押农地产权对农民融资和农村金融发展有着正向的作用。[①] Yi（2013）采用调查法，针对"土地承包经营权"抵押融资模式中如何确定科学、准确、合理的抵押利率进行了研究。[②] 刘屹轩等（2019）通过专家访谈法分析农地经营权融资抵押的风险结构和因素，并运用结构方程分析相关风险因素，最后根据环境和业务方面提供风险防范建议。[③] 陈淑玲（2019）针对农地经营权抵押模式的融资效果、操作程度、制约因素、效果影响等作出了科学的评价，同时从农民和金融机构的角度出发，分析农地经营权抵押对其产生的影响，并针对研究结果给出完善的建议。[④] 张晓梅、刘钟霞（2019）以重庆市区县为例，对"三权"质押的风险进行了分析。[⑤] 孙金建（2017）根据"三权"规模的大小将农村土地经营权存货质押模式分为"纯抵押型"融资模式和"抵押型+担保型"融资模式。[⑥] 学者们在供应链金融融资博弈中引入"三权"质押模式的研究相对较少。四是供应链金融整体趋势研判。宋远方（2018）在对2005年至2017年国内发表在CSSCI期刊上的228篇文献以文献计量法和内容分析法进行分析后，发现国内对供应链金融的研究持续升温，2015年更显爆发式增长，其中理论研究的文献占总数的一半。从研究视角看，融资视角的供应链金融研究主要关注的是供应链金融模式的演进创新与应用、供应链金融的实现机理、供应链金融的风险评估与管控；供应链视角的供应链金融研究内容包括供应链金融

[①] 王过关. 农村承包土地经营权抵押担保融资模式研究 [D]. 兰州大学, 2018.
[②] Z. J. YI. A Probe into the Mortgage Rates of Land Contract Managem-ent Rights Based on Unified Annual Output Value [J]. Asian Agricultural Resea-rch, 2013, 5（09）: 49-5.
[③] 刘屹轩, 闵剑, 刘忆. "三权分置"下农地经营权抵押融资风险辨识与评价——基于结构方程模型的实证研究 [J]. 宏观经济研究, 2019（01）: 158-175.
[④] 陈淑玲. 农地经营权抵押融资的实施效果及对供需主体行为影响研究 [D]. 东北农业大学, 2019.
[⑤] 张晓梅, 刘钟霞. 农村土地"三权分置"中存在的风险及防范措施——以重庆市忠县新立镇精华村为例 [J]. 重庆行政, 2019, 20（03）: 27-29.
[⑥] 孙金建. 农村土地经营权抵押融资模式运行影响因素实证研究 [D]. 西北农林科技大学, 2017.

中供应链各企业的生产决策、库存决策、采购决策、融资决策以及供应链金融对供应链整体协调性、绩效的影响。未来供应链金融应加强一般理论研究，重视不同模式中的供应链金融实证研究，持续关注新技术对供应链金融创新的影响。[①]

宋华（2019）认为产业供应链的场景把握是供应链金融发展的基础，供应链金融的核心在于加速供应链资金流，帮助上下游有竞争力的中小微企业发展，绩效衡量标准应以战略收益和产业交易成本下降为准则。综合风险管控能力是供应链金融发展的关键，需要从供应链结构、流程和管理要素三个维度管控贸易背景的真实性。多主体专业分工基础上的协同是供应链金融发展的模式，参与主体的专业化和平台化是供应链金融的发展方向。与信息通信技术等的高度融合，使供应链金融日益高效、智慧化，显示了金融科技赋能供应链金融的强大作用。供应链金融的持续发展要求供应链金融承担可持续的社会责任，要求供应链金融的合规性和中小微企业的持续健康发展，助力农业供应链和再循环产业链发展。对供应链金融的金融端进行系统化变革，形成协同合作网络，构建良好的合作生态，满足产业供应链差别化的价值诉求，促进产业供应链的持续发展要求。[②] 李健（2020）梳理了供应链金融的发展实践，将其分为四个发展阶段，并借助文献计量工具对英文和中文文献进行了分析和比较，并从理论基础、优化决策以及风险管理三个方面对理论研究现状进行了总结，总结出了供应链金融的三个发展趋势，即形成健康网络生态系统是供应链金融发展的重要基础，采用现代金融科技赋能是供应链金融发展的有力工具，承担可持续发展的社会责任是供应链金融发展的长远目标。[③]

---

① 宋远方，黄千员．国内供应链金融研究进展——基于2005—2017年CSSCI文献分析［J］．中国流通经济，2018（1）：47-54．
② 宋华．中国供应链金融的发展趋势［J］．中国流通经济，2019（3）：3-9．
③ 李健．供应链金融述评：现状与未来［J］．系统工程理论与实践，2020，40（8）：1977-1995．

七、国内外文献述评

通过上述分析可知，国内外学者们对中国供应链金融风险无论从宏观上的制度设计、政策取向，还是微观上的技术操作、案例分析等都作出了富有价值的探索，一些见解不乏广度和深度，为笔者开展进一步研究奠定了坚实的基础。但是专门研究供应链金融风险的相关研究较少，主要集中在以下方面：

一是从治理视角突破供应链金融风险研究。供应链金融风险的研究以管理为主，有关风险治理的研究不足。治理是管理的升华和延展，也是当前党中央和国务院大力提倡治理能力的发展趋势。治理更强调主体多元、方向多样、激励为主、流程管控，本书创新了供应链金融风险与治理理论有机结合，优化供应链金融风险治理体系，有助于防控和化解供应链金融风险，增强供应链金融的实际效益。二是目前有关供应链金融的研究主要聚焦于制造业，而农业等供应链金融研究寥寥无几，根源是传统的供应链金融难以适应农业供应链管理，农产品生产不确定、风险难预估，生产型农户融资难且贵，部分农业参与企业节点杂、合作时间短、信息失衡严重，也会影响农业供应链金融构建。虽然普惠金融在农业有所涉及，然而农业尚未实质上获得普惠金融的惠顾。本书肩负农业振兴的职责，构建农业供应链金融体系，力图攻克农业供应链金融风险治理难题，推动三农在农业供应链金融中凤凰涅槃。三是当前供应链金融的研究往往聚焦于某一个行业，跨行业研究的供应链金融构建及其风险治理的不多，但是供应链范围广、覆盖宽、效用大，一个行业的融资难且贵问题往往衍生到相关行业，必须跨行业完成供应链金融治理，才能可持续推动具体行业供应链金融发展。本书力图构建适合于农业的新业态供应链金融，并打破农业与相关行业的供应链金融隔阂。四是目前国内外关于农业供应链金融治理效果及其影响因子的分析不足，本书在研究方法上，以典型的龙头农企或合作社为例，在搜集农业供应链金融动态风险数据的基础上，检验农业供应链金融风险治理方面的实际效果和影响因素。五是当前以乡村振兴为背景探讨农业供应链金融优化的文献较少。"乡村振兴"是新时代国家最新的发展战略，供应链金融有助于破解当前我国农业基础薄弱、供应链条不畅、企业融资难且贵的农业发展短板问题，探讨完善农业供应链金融治理路径、有效治理金融风险，对于促进乡村振兴显得尤为重要。传统学者们呼吁"加大农业金融支持"，但是外部金融长期以来支农乏力、效果不佳，本书寻求从农村供应链金融的"内生动力"作为突破口，真正从外部"输血"转为自身"造血"，构建农业供应链金融风险治理体系，助推乡村振兴战略早日实现。

第三节 本书的结构与内容安排

一、研究内容

本书共有六章。

第一章是农业供应链金融相关研究背景。阐述了农业供应链金融风险治理的背景、研究目的和意义，介绍了国内外文献综述，开展了有针对性的评价和实际经验借鉴，提出了乡村振兴战略下农业供应链金融风险治理的研究内容、思路和方法。

第二章是理论研究。即乡村振兴战略下农业供应链金融风险治理的理论分析。界定了农业供应链金融、金融风险、风险治理和乡村振兴战略的基本概念和研究范围，阐述了交易成本理论、生命周期理论、动态风险防控理论、现代治理理论、机制变迁理论、供应链管理理论及其在乡村振兴战略下农业供应链金融风险治理中的应用，明确了农业供应链金融风险治理的目标定位及影响因素，以及乡村振兴战略下农业供应链金融风险治理的运行机制。

第三章是趋势研究。探讨了我国农业供应链金融的政策沿革，根据供应链生产关系适应金融生产力的辩证关系，从农业生产力发展阶段的视角分析了农业供应链金融的发展历程，研判了农业供应链金融的发展趋势，即把控产业金融场景是农业供应链金融的现实要求、提升风险治理能力是农业供应链金融的演变关键、深化产金生态协同是农业供应链金融的必然趋势、持续强化社会责任是农业供应链金融的客观需要。结合乡村振兴的时代背景，明晰了乡村振兴战略下农业供应链金融的发展要求。

第四章是现状研究。即我国现行农业供应链金融风险治理现状、弊端及其效应分析。系统总结了我国现行农业供应链金融风险治理成效，分析了现行供应链金融风险治理的诸多弊端，如农业供应链金融效力存在"缺位"、农业供应链金融的核心主导不强、农业供应链金融业务操作不科学、系统性农业供应链金融风险预警、农业供应链金融风险管控碎片化，探讨了造成农业供应链金融风险治理"失灵"的根本原因，及其带来的负面经济效应和社会效应。

第五章是案例研究。为验证农业供应链金融风险治理效果的分析结果，研究了农业供应链金融动态风险治理的典型案例。运用相关理论，构建了农业供应链金融动态风险的治理框架，从风险识别、评估、管控和绩效等方面，剖析了农业供应链金融动态风险治理的运行机制，以象屿集团有限公司、新希望集团有限公司、德佳康牧肉鸡农业合作社三家典型的农业行业排名前列的农企和专业合作社为例，搜集农业供应链金融动态风险数据，测算三家机构在农业供应链金融风险治理方面的实际效果和影响因素，开展了农业供应链金融动态风险治理的典型案例比较，并借鉴国外发展中、发达国家案例，深入剖析了国外农业供应链金融动态风险治理的典型案例，以及对我国农业供应链金融风险治理的启示。

第六章是路径对策。即乡村振兴战略下农业供应链金融风险治理路径优化，以相关理论为指导，完善了乡村振兴战略下农业供应链金融风险治理的理念，如促进乡村振兴的战略实施、防控农业供应链系统性风险、增强农业供应链可持续性，运用机制变迁、路径分析等方法，设计了乡村振兴战略下农业供应链金融风险治理的路径，以便有序推进和落实农业供应链金融风险治理，并发挥农业供应链金融实际功效，助推乡村振兴战略早日实现。

二、内容结构

本书的内容结构见图 1-1。

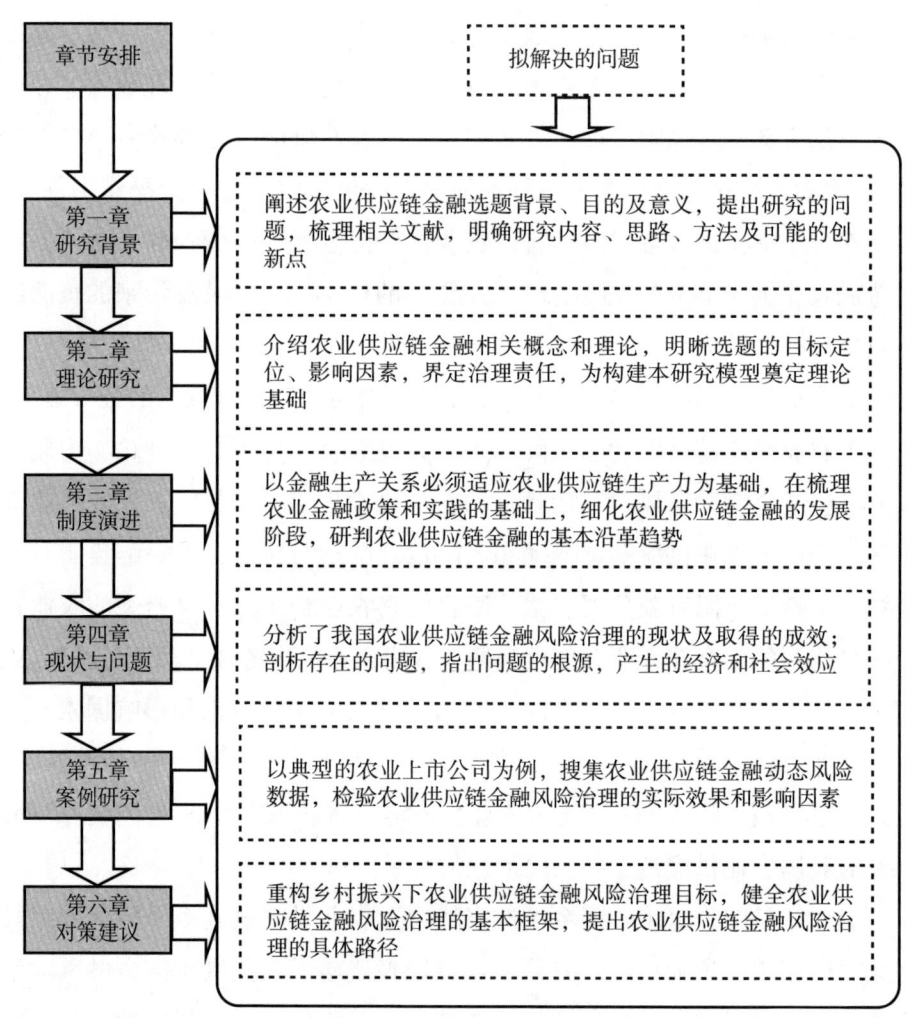

图 1-1 本书的内容结构

第二章　农业供应链金融风险治理的理论分析

在农业供应链金融风险治理研究方面，国内外学者提出了许多理论，为本书的研究提供了有益启示。本章在界定乡村振兴战略下农业供应链金融风险治理相关概念的基础上，介绍了国外经典的交易成本理论、生命周期理论、机制变迁理论，以及国内新兴的动态风险防控理论、现代治理理论、供应链管理理论，以期指导乡村振兴战略下农业供应链金融风险治理路径，明确其目标定位、影响因素和运行机制。

第一节　基本概念界定

为了增强乡村振兴战略下农业供应链金融风险治理研究的针对性、科学性，首先界定相关概念，之后引入有关的理论及其应用。

一、农业供应链金融

（一）供应链金融的内涵及特点

供应链金融是集物流、商业、金融为一体化的管理过程，它以供应链为基础，将信息、资金、商业、物流等相整合，联合上下游供应链主体，快速满足融资需求和创造共同价值。

2020年9月22日，中国人民银行等八部门出台《关于规范发展供应链金融，支持供应链产业链稳定循环和优化升级的意见》，首次明确"供应链金融"的官方内涵。供应链金融以整体的供应链产业链为出发点，以金融科技为手段，通过真实交易下的物流、资金流、信息流等信息整合，建构处于主导地位的核心企业与上下游企业一体化的供给金融和评估风险体系，系统性地破解金融难题，旨在满足产业链各企业综合需求，降低金融成本，提升整体价值。①

从组成上看，供应链金融主要包括应收账款、库存、预付账款和信用融资四大类。而供应链主要集中于供应商、核心企业、分销商和最终客户四类。供应链管理的范围十分广泛，包括采购、制造、订单、关系（供应商、客户）、库存、财务、物流管理等。

供应链金融是供应链管理的一部分，主要集中于资金需求，注重于资金、信息、物品、商业流"四流合一"的整合和节点协同。科学高效的供应链金融有助于提升供应链的竞争力，增强供应链的整体管理绩效。

由于供应链产业链紧密相连，供应链金融有助于金融机构拓展业务范围，培育企业客户，主要表现在事件性、封闭性、自偿性、连续性四个方面的特点。

一是事件性。相对于传统金融的"身份性"而言，供应链金融不以身份论客户，不像传统金融那样排斥中小微型实体客户。只要融资的事件真实，财务状况、治理效果、交易历史等整体运作达标，即可提供供应链金融贷款，而且主要针对中小微企业。

二是封闭性。相对于传统金融的"开放式"而言，供应链金融提供的资金仅限于在供应链条中使用，不得脱离供应链。资金、物品、商业和信息必须按照合同约定在供应链条内部循环，资金不出外，从而降低了供应链金融风险。

三是自偿性。自偿性，又称为自动偿还。供应链金融依据贸易场景真实、未来现金流确定存在，以销售收入作为还款抵押，而对借贷方短期融资，一旦销售收入实现，则自动转回放贷规定的账户，实现封闭回款。

---

① 中国人民银行等关于规范发展供应链金融，支持供应链产业链稳定循环和优化升级的意见（银发〔2020〕226号）．中央人民政府网，http：//www.gov.cn/zhengce/zhengceku/2020-09/22/content_5546142.htm.

四是连续性。相对于传统金融的"碎片性"而言,传统金融贷还款一般是碎片化的,不会持续发生,而供应链金融的相同类型的金融和贸易行为会持续跟踪,在供应链上下游间连续发生,有利于深耕产业链,形成资本的延续循环。

与传统金融相比,供应链金融功能主要体现在融资等层面(见表2-1)。

表 2-1　　　　　　　　供应链金融与传统金融的比较

选项	传统金融	供应链金融
参与主体	融资企业、银行、其他金融机构	融资企业、核心企业、合作社、第三方平台、物流公司、银行、其他金融机构
信用评估	融资企业财务信息	评估融资企业、交易对手及信息、运作供应链等状况
还款来源	融资企业本身资产	融资项资产
融资期限	短、中、长期	短期,一般2~3个月,临时性需求
服务对象	财务报表优质的核心企业为主	供应链上所有企业,中小微企业为主
融资基础	票据、信用证	赊销+垫付
风险管控	贸易场景真实性	上下游供应链关联性
主导方	商业银行	供应链核心企业或合作社
利率	银行利率,8%左右	介于银行与民间借贷之间,8%~20%
融资环节	单一环节融资	全链条融资
信息流	碎片化、信息难关联	整体性、信息连贯、透明性

从表2-1可以看出,相对于传统金融,供应链金融的参与主体更广,包括核心企业、第三方平台、物流公司等。供应链金融信用评估更加细致,不仅是财务信息,还包括评估融资企业、交易对手及信息、运作供应链等状况。供应链金融还款来源集中在融资项资产,融资期限主要是解决燃眉之急的"近渴"问题,对象以中小微实体企业为主,而不是财务报表优质的核心大企业。供应链金融的融资基础主要是赊销+垫付的应收账款,而非票据、信用证等硬性的资产。供应链金融的风险管控主要是上下游供应链

的关联性,主导方是供应链核心企业,融资环节众多,包括整个链条,信息流是一大特色,即整体性、连贯性和透明性。

(二) 农业供应链金融

农业供应链金融是农业行业供应链金融的简称,它是指农业流程中集物流、商业、金融为一体化的管理过程,它以农业供应链为基础,将信息、资金、商业、物流等相整合,联合上下游供应链主体,快速满足农业企业及居民的融资需求和创造共同价值(见图2-1)。

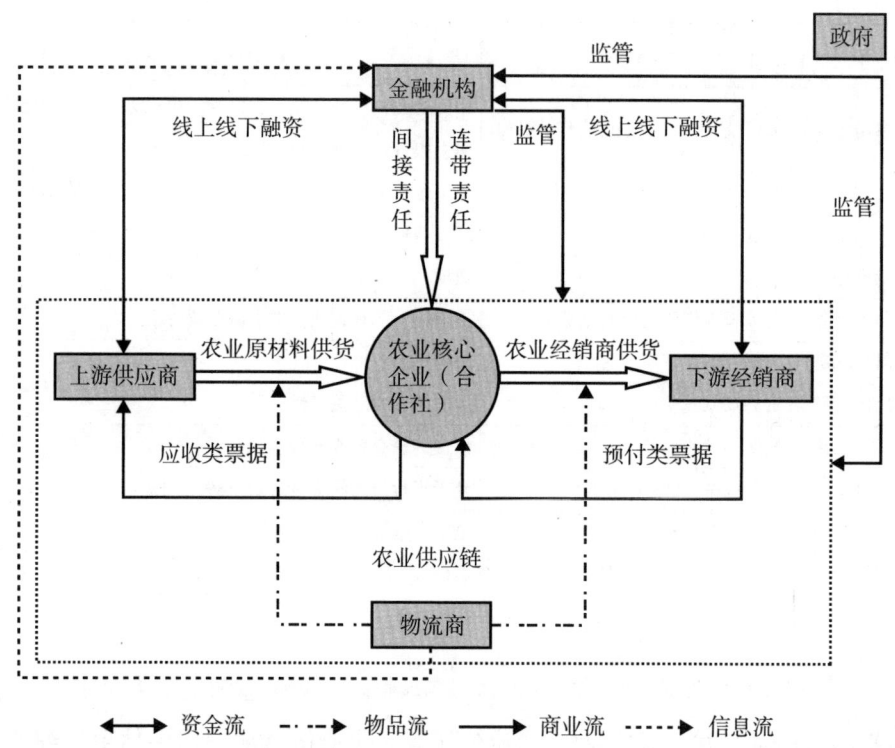

图2-1 农业供应链金融框架图

图2-1显示,农业供应链金融以农业链中的农业核心企业或合作社为主导,位于中间地位,左右承接广泛的上游农业供应商、下游农业经销商,下面对接农业物流商、上面依靠金融机构提供农业融资贷款。农业供应商、

经销商、核心农企（合作社）和物流商四大主体组成供应链系统，加上融资商成为农业供应链金融体系，均接受政府银保监会、证监会等监管。在农业供应链系统内，上游农业供应商提供原材料，获得核心农企或合作社的应收票据，核心农企或合作社供货给农业经销商，获得下游农业经销商的预付票据，各类供货依靠农业物流商的物流完成。同时，还包含农业资金流、商业流和信息流的循环流动。①

（三）农业供应链金融的特点

传统的农业最终是为了自给自足，故不能成为农业供应链，直到引入"农户+企业""农户+基地+企业""农户+合作社+企业"等产业化模式后，构建了以核心农企（合作社）为主，产购销零一体的供应链条，才形成农业供应链。在以核心农企（合作社）为主导提供农业融资贷款后，则进一步上升为农业供应链金融。总结起来，农业供应链具有如下特点。

一是本质上，农业供应链金融利用核心农业企业资质和信用的优势，吸引银行资金嵌入农业供应链，链接农业信息、资金、商业、物流等。核心农业企业承担上下游农业企业的信用担保作用，引入外部金融主体放贷融资，缓解了金融机构与农业企业的信息失衡问题。

二是运作上，农业供应链金融通过核心农业企业的枢纽作用，甄别信用、吸纳社会资本，发挥抵押作用，大幅减少了农业经营中的信用和市场风险，放大了金融机构的授信额度，能够有效扶持中小微型农业企业，并降低金融机构的投资成本和交易费用，形成了农业供应链金融的利益共同体。

三是风险上，农业供应链金融将分散的农户与核心农企、金融机构联合，增加了农村合作社、中小微型农企和农户的融资获得感，风险转移到核心农业企业，相应扩大了供应链金融风险，加大了信用执行难度和道德违约系数，风险指数呈现几何倍数增加，亟待科学治理农业供应链金融风

---

① 李健. 供应链金融的信用风险识别及预警模型研究 [J]. 经济管理，2019（8）：178-196.

险。[①]

二、农业供应链金融风险

（一）农业供应链金融风险的内涵

农业供应链金融风险是指在农业供应链中，农业供应链的核心农企和合作社，向商业银行和第三方物流平台融资时，由于事先无法预测的外生性和内生性不确定因素，导致农业供应链金融产品的实际收益低于预期收益，或者资不抵债的可能性。

（二）农业供应链金融风险的类别

从风险范围来看，农业供应链金融风险分为宏观、行业和农企风险（见表2-2）。

表 2-2　　　　　　　　　　农业供应链金融风险层次

选项	范围	影响
宏观风险	农业供应链外围的经济社会文化制度、经济周期、产业政策、科技变化、自然状况等	农业外部环境风险，影响整体供应链营运，改变融资情景和要素
行业风险	农业供应链中企业生产、分销、物流所有权界限模糊；混乱效应；结构惯性和反应迟钝	农业网络风险，农企过度反应、不信任和扭曲，冲击和传递的风险
农企风险	农企财务资质、资源能力、历史信用、盈利运营等客观风险，有限理性的主观道德风险	融资农企风险，客观方面的还款能力和主观方面的机会主义影响

从表2-2可以看出，农业供应链金融风险主要是农业外部环境风险、网络风险和融资农企风险。农业外部环境风险一般难以有效克服，对所有供应链成员一视同仁。农业网络风险可以通过优化供应链条实现，而农业企业融资风险则分布广泛，主要表现在有限理性、机会主义和道德风险。

---

① 潘永昕. 农业供应链金融风险生成因素探究：基于解释结构模型 [J]. 农村经济，2020 (7)：103-110.

由于融资农企风险是供应链金融的主要风险，具体形式表现在以下方面。

一是虚构交易和物流进行套税、套汇、套利，即利用虚假的贸易和物流信息，在利率或汇率的波动时牟取利差和汇差，或者从银行低利率融资再高息放贷出去；在货物与票据的税率差异时牟取非法的税收利益。例如，2005年农行包头分行重大违法答案，内部人员与外界串通，虚开大额定期存单和假质押贷款、套取11498.5万元银行信贷资金；2016年河北保定徐水农发行18亿元购粮贷款骗贷案，10多亿元贷款被挪用，酿成重大风险。

二是"一夫多娶"或者"一女多嫁"。由于不同金融机构或供应链金融服务方之间无法进行充分共享信息，加上尚未建立一个信息、信用统一公示平台，借款方可能利用农业供应链资产或者业务从多方融资，放大了资金借贷风险。例如，2012年上海钢贸诈骗案是迄今为止最大的质押骗贷案，造成了上百亿元的损失。在农业供应链领域，2018年中粮信托遭遇了农业金融供应链信托违约事件，作为农业供应链金融"翘首"的中粮信托因借款人重复融资造成多笔、多起中粮食品小包装油经销商供应链信托爆雷。

三是重复仓单虚假。融资方与仓储方恶意串通，重复质押或开具虚假仓单骗取金融机构贷款资金。最典型的是2014年青岛港金属贸易融资骗贷案，17家中资银行卷入该案，受累金额达148亿元。尽管我国农业发展仍处于小农经济阶段，规模小且经营分散，但仓单融资也将在农业供应链金融中扩大运用，由于道德、法律风险的存在，以及环境的限制，也要对相关风险进行研究和防范。

四是"自保金融"、偷梁换柱和移花接木等，运用农业供应链关联方实施担保或者动产监管而骗取资金。2014年广东纸浆案、2018年金银岛爆雷、大生农业金融近8000万元承兑汇票违约案，自保自融、移花接木挪用资金便是风险产生的重要原因之一。当前我国约有家庭农场100余万、农民合作社200余万、农业生产服务组织近40万家，相当一部分难以获得有效的金融扶持。个别家庭农场、农民合作社和服务组织很有可能铤而走险，采取移花接木、偷梁换柱或者"自保自融"的方式套取资金,增加农业供应链金融风险。

因此,要将防控和治理农业系统性风险作为农业供应链金融生死存亡的关键指标,着力提升农业供应链金融的风险治理能力。

(三)农业供应链金融风险与其他金融风险的比较

农业供应链金融风险是以实力较强的核心农企或合作社为主导,通过评估上下游融资方的信用、贸易真实度来审查信贷资格,其与一般融资风险的区别表现在以下方面(表2-3)。

表2-3　　　　农业供应链金融风险与一般金融风险的比较

类别	一般金融	农业供应链金融	备注
风险侧重点	根据借款企业本身的信用,或者采取实物抵押、担保等增信手段	根据农业贸易的真实性或贸易交易环节的风险	农业贸易及其环节的真实性
资金用途监控	对贷款的使用用途无监控或监控力度很弱	农业资金去向比较明确,监控力度很大	应付类业务是供应商,应收类业务是应收账款再融资
还款来源	根据借款企业现金流、担保物、再融资能力	农业贸易环节的资金回款	农业供应链金融是一个贸易环节回款

资料来源:根据有关资料整理。

农业供应链金融的风险主要体现在核心农企或合作社上,集中体现在承担农业基础交易、核心担保或合作保理农企的企业实力、合同真实、道德风险等审查。

三、农业供应链金融风险治理

(一)农业供应链金融风险治理的内涵

作为政治学的重要概念,治理最早用于表述政府或国家的治权及其管理，之后发展到企业治理、风险治理。

联合国治理委员会（CGG）是全球最高的治理组织，由多方主体管理共同事务，调和不同利益，持续联合行动，包括非正式和正式的规则、制度和安排。该组织认为，治理具有四个特点：一是过程性。治理是一个持续不断的过程，不仅包括出台规则，还包括展开活动。二是协调性。治理主要靠非正式的协同能力，而非权威的行为控制，治理讲究平等，而非管理的上下级管控，治理主体之间诚信以待，协商共处，达成共识，提升效率。三是广泛性。治理主体既有传统的公共单位，还包括更多的私有部门，治理追求远见战略及成效，而非短暂的战术层面。四是互动性。依靠公民、企业、社会和政府的互动完成治理互动，通过简单的制度出台和实施，提高参与性，实行透明治理，是治理的重要条件之一。

"风险治理"，顾名思义，是指运用治理方法管控风险，将治理的过程性、协调性、广泛性和互动性运用到风险识别、评价、管控和绩效之中。

农业供应链金融风险治理是指运用治理的手段，防控农业供应链金融的宏观、行业和农企风险。

（二）农业供应链金融风险治理的特点

风险治理的方式是针对风险管理而言，不同于管理的主体是政府、手段是强制、方向是层级节制，重过程而轻效力。农业供应链金融风险治理的特点如下：

一是治理主体多元。吸纳国家机关、金融机构、社会组织、农业企业主体和农户个人，共同编织农业供应链金融风险治理网络。二是治理手段多样。摒弃传统的强制手段，农业供应链金融风险的治理手段多样化，如契约、协商、共享等。三是治理向度扁平。农业供应链金融风险治理的运行多维度，既有自下而上、自上而下的纵向运行，也有左右开弓的横向运行，以扁平化方式取代过去的层级节制。四是治理目标效力。农业供应链金融风险治理偏重于效力提升，放弃以往的权威统治、管控和压力，而是从农业供应链金融的公众利益出发，获得金融机构、社会组织、农业企业主体和农户个人等的公众认同，吸引多元力量参与农业供应链金融风险治理，提升治理风险效力。

四、乡村振兴战略

（一）乡村振兴战略的内涵

党的十九大提出的乡村振兴的国家战略，成为未来至少五十年农业发展的长远规划。2018年9月国家颁布了《乡村振兴战略规划（2018—2022年）》，从规划背景、总体要求、格局构建、现代农业、壮大产业、美丽乡村、文化发展、治理体系、民生改善、治理体系、实施规划等方面，对乡村振兴进行了系统而详尽的阐述，成为指导我国农业发展的最高行动纲领。乡村振兴是在党管农村指导下，以农民为主体，优先发展农村农业，推进全面振兴乡村，达到"兴旺产业、宜居生态、文明乡风、有效治理、富裕生活"的目的。[①]

（二）乡村振兴战略对农业供应链金融风险治理的要求

《乡村振兴战略规划》要求"健全现代乡村治理体系"，包括组织治理、"三治结合"（法治自治德治）、政权建设等，体现了治理乡村的重要性。

同时，《乡村振兴战略规划（2018—2022年）》高度重视金融惠农措施，提出"加大金融支农力度"。从金融支农组织体系、产品和服务、激励政策等方面进行了详尽布置。特别强调要"从缓释机制方面治理农村金融风险，通过担保体系优化促进'三农'融资"，防控农业金融系统性风险。供应链金融是支持农业发展的重大举措和技术创新，能够有效弥补传统金融机构惠农不足问题。特别是在供应链支持方面，规划首次提出"研发绿色智能农产品供应链核心技术，加快培育农业现代供应链主体，"[②] 为农业供应链金融发展提供了新的思路和方向。

在风险治理方面，《乡村振兴战略规划（2018—2022年）》明确了未

---

① 中共中央、国务院印发《乡村振兴战略规划（2018—2022年）》[N]．新华社，2018-09-26．

② 同①．

来信贷政策的主攻方向,即促进农业农村振兴,减少普通农户、农业企业等主体的贷款成本,从缓释机制、抵押担保方面,防控农业供应链金融风险,并从落实地方风险防控责任方面,将农业系统性金融风险放在突出位置。在治理主体方面,《乡村振兴战略规划(2018—2022年)》号召各类金融、非金融主体加大农业投资,出台了系统的金融惠农政策,激励政府、社会、企业和个人参与农业供应链金融发展,共同防控系统性供应链金融风险。

第二节 相关理论依据

本书引入古典的经济学理论,结合前沿的管理学实践加以改进,为农业供应链金融风险治理提供科学指导。本节主要介绍交易成本理论、生命周期理论、供应链管理理论、动态风险防控理论、现代治理理论、机制变迁理论等的产生背景、基本内涵,以及与乡村振兴战略下农业供应链金融风险治理的有机契合和有效运用,能够为供应链金融风险治理提供理论指导。

一、交易成本理论

(一)产生背景

交易成本理论是组织经济学的核心理论,由 R·H·Coase 于1937年提出。他认为组织要以节约交易费用为核心,区分交易单位,剖析特征因素,有针对性地构建体制组织降低交易成本。制度经济学的 Ronald H. Coase 将获取信息、谈判及契约费作为交易成本,包括信息、协调、签约、监督和违约处理成本,是经济体产生交易不可避免的组成部分。

(二)基本内涵

Ronald H. Coase 认为,一切达成交易所耗费的成本均为交易成本,涵盖交易的全流程,包括搜寻、信息、讨价、决策、监控、违约等成本。导致交易成本的原因很多，包括交易环境、市场失灵，参与者的投机心理、环境的复杂多变，垄断造成的少数人交易，信息失衡，对立氛围等。公司整合资源，能够减少转包、分包、半包造成的交易成本；构建组织、签订合约和制定政策等，也有助于降低交易成本。

(三) 应用评价

交易成本理论在农业供应链金融风险治理中有着广泛的应用。一是提倡通过交易主体内部化从而规避外部交易风险。为降低信息、协调、签约、监督和违约处理成本，可以扩大供应链金融范围，将以往的外部交易内部化，从而降低信息搜集、交易协调、相互签约、外部监督和违约管理成本。二是治理农业供应链金融风险重在监控金融及农产品资源。防止各金融主体利益冲突造成负面影响，通过签协议、定标准、明政策来规范农业供应链金融风险。三是坚持共享、互惠、平等原则减少农业供应链金融风险。为防止信息失衡，要做到信息和利益共享。为减轻垄断带来的少数人交易，要做到平等相待、互惠互利，尊重对方的核心利益，从而增加交易的广度、深度。四是农业供应链金融中位于主导作用的核心农企，要主动与金融机构对接，平等协商，减少和金融机构的信息搜集、金融协调、贷款签约、投资监督和违约管控成本。

二、生命周期理论

作为一个生命体，农业供应链也是有生命周期的，决定着农业供应链金融的发展路径。

(一) 产生背景

1959 年 Mason Haire 首次提出企业生命周期，存在起步、成长、停滞、消亡等阶段，被称为生命周期理论的萌芽。之后，分别经历了系统研究、模型描述、修正和拓展阶段的研究。企业的生命周期是指企业创立、成长、成熟、衰退、消亡的过程和不同阶段的特征共性[①]。农业供应链是多个企

---

① 杨浩主. 现代企业理论教程 [M]. 中国经济出版社, 2013.

业的联盟体，研究农业供应链的生命周期，有助于延长成长、壮大、成熟阶段，减缓衰老和消亡阶段。

(二) 基本内涵

生命周期理论将实体作为一个有生命的个体，从出生、成长、成熟和死亡划分为不同的阶段，体现出不同的特点。包括十阶段论、四阶段论、五阶段论等，本书采用五阶段划分法。一是将生命周期划分为创立、成长、成熟、衰退和消亡五阶段。创立期的产品结构单一、市场占有率低，经营风险高，主要是适应行业规则、定位消费需求，增加市场份额，营销投入大，主要是负债经营。成长期由于提高了市场份额和产品需求、规模，成本下降，收入增加，但是再投资投入大，需要加大融资力度，实现规模化发展。成熟期的市场份额最大、知名度较高，但是增速平缓，实现了规模化扩张，此时投资机会少，正在探索转型、多元发展、分散风险，投资机会和再投资资金减少。衰退期的销量降低，份额下降，增值停滞，难以盈利和成长，面临市场退出和转型升级。消亡期由于转型失败，产量锐减，负债经营，直到资不抵债，破产重组，退出市场[①]。二是生命周期的判断方法。往往以定性和定量相结合。利用研究对象的发展战略、经营状态、财务管理方法等定性指标，以及单位规模、财务指标、市场份额等定量指标相结合。三是找准周期定位。要根据生命周期理论的标志，定位自身处于哪一个生命阶段，从而适应不同周期的变化规律，找准自身所处阶段的发展轨迹。四是采取对应的周期战略。根据所处的生命周期阶段，有的放矢地采用进攻、防御或紧缩等战略，提高战略的前瞻性，分别对应生命周期的上升期、高峰期或下降期。而且，研究对象的生产效率直接影响经营和生命周期。

(三) 应用评价

农业供应链具有很强的生命周期性，适合于生命周期理论。一是正确

---

① 周克明. 基于企业生命周期视角下格力电器的股利政策研究 [M]. 华东理工大学出版社, 2018.

划分农业供应链的发展阶段。农业供应链也遵循创立、成长、成熟、衰退和消亡五阶段的划分。二是农业供应链在各个阶段要分别采取相应的周期对策,如创立期要负债经营,适应农业供应链行业规则、定位农户和农企消费需求,增加农业供应链市场份额,提高农产品营销力度。成长期农业供应链要扩大再投资和融资力度,力争规模化发展。成熟期农业供应链要探索供应链转型、多元发展、分散风险。衰退期农业供应链要积极谋求转型升级,减少衰退节奏。消亡期农业供应链要壮士断腕,抓住一切有利条件破产重组,化不利为机遇。三是农业供应链要找准自身周期定位。根据生命周期理论的特征,定位自身处于创立、成长、成熟、衰退和消亡的哪一个阶段,从而采用进攻、防御、紧缩等战略,增强农业供应链战略的前瞻性。四是大力提升农业供应链的治理效率。根据农业供应链的生产效率直接决定其经营和生命周期的观点,延长和提升农业供应链产品和服务效率,拓展成长和成熟阶段,在农业供应链进入衰退期和消亡期之前转型发展,以迈进下一个农业供应链生命周期。

三、动态风险管控理论

(一) 产生背景

动态风险管控理论开始于20世纪50年代的通用公司,相对于静态风险而言,从风险的生命周期开始演化,包括识别风险、评估风险、主动有效管理风险,以最小的管控成本获得最安全的效益。动态风险管控的目的是减少容错率和损失,增加组织附加值。

(二) 基本观点

动态风险管控理论主要由下面几个部分构成:一是目标是损前和损后的结合。风险发生前追求经济、安全和合法性目标,防患于未然,风险发生后维持生存、经营可持续、稳定收益和社会责任。二是动态风险管控包括识别(风险判断和归类)、估测(风险估计和预测)、评价管控(风险条件控制和财务安排)和绩效(风险结果效益评价)四个步骤。三是风险管控的四大职能。做好动态风险的计划、组织、指导和管制。制订风险管控方案、组织人财物资源，做好分析检查评价。四是风险具有生命周期，面对内外市场环境和客户需求变化，必须及时快速响应，管控市场风险、伙伴选择、资源集成、流程重组等因素。

（三）应用评价

动态风险管控理论对于农业供应链金融动态风险治理具有重要作用：一是构建农业供应链金融动态风险的治理框架，从风险识别、评估、管控和绩效等方面，剖析农业供应链金融动态风险治理的运行机制，优化风险判断和归类、风险估计和预测、风险条件控制和财务安排及结果效益评价。二是运用生命周期的观点治理农业供应链金融动态风险。将农业供应链金融作为一个生命组织，包括萌芽、成长、成熟、衰退和消亡五个阶段，各个阶段开始动态风险管控，积极响应农业供应链金融内外市场环境和客户需求变化，管控农业市场风险、选择合适伙伴、集合金融资源、重组物品、资金、信息和商业四大流的流程等因素。三是防控农业供应链金融动态风险要科学选择目标，包括金融风险发生前追求经济、安全和合法性目标，金融风险发生后维持生存、经营可持续、稳定收益和社会责任。四是履行农业供应链金融风险管控的四大职能。做好农业供应链金融动态风险的计划、组织、指导和管制。制订农业供应链金融风险管控方案，指导实施农业供应链金融风险举措，做好农业供应链金融风险治后的检查与评价。

四、供应链管理理论

（一）产生背景

供应链管理理论由 Heckert、Miner 于 1940 年提出，先后经历了 20 世纪 70 年代之前的物流分离与成本管理理论、20 世纪 80 年代的物流内外整合与关系企业管理理论、20 世纪末期之后的价值链管理理论。

（二）基本内涵

供应链管理理论是一个十分庞杂的理论系统。一是两个供应链管理的载体。主要是内部局域计算机网和外部上中下游的供应链计算机网络。二是三个供应链内在要求。各供应商主体间充分地共享信息，防止信息失衡。

同时，尽可能缩短物流周期，压缩前置时间，整合供应链内外企业及其有效协作，实现"多赢"。供产销、客户等多方赢利而非零和博弈，为整体利益分工合作，实现制造和流通的供应链程序化。三是供应链管理三步骤。首先要掌握供应链的市场需求，从而科学制订规划，快速落实计划。在供应链协同方面做好落实和规划的协同，两方主体同规划、同执行。四是四大供应链支点。在供产销零节点方面，坚持客户为中心，注重核心竞争力，具有难模仿、买不来、拆不开、带不走等特质，以及彼此协作多赢、信息共享流畅。

(三) 应用评价

供应链管理理论对于农业供应链金融风险治理具有科学有效的指导作用。一是农业供应链金融风险治理必须具有供应链的整体思维、四流全过程管理，纳入统一的整体管理，运用战略思维而非单个企业的个人、战术思维，防止农企、农户之间无法有效协同和效率降低。二是农业供应链金融风险治理要集成管理。供产销零节点多要素、闭合过程管理，集成提升整体效率，实现全局效益最优。三是农业供应链金融风险治理新库存思维。做到风险转嫁、库存转移，从而降本增效，战略合作降库存。四是农业供应链金融风险治理要掌控供应链支点。农业供应链金融风险治理在供产销零节点方面，坚持客户为中心、注重核心竞争力、彼此协作多赢、信息共享流畅。五是农业供应链金融风险治理要适当运用供应链管理原理。包括横向资源集成、系统化、互惠共赢、共享协作、需求导向。

五、现代治理理论

现代治理理论是治理理论的最新成果，能够为农业供应链金融风险治理提供有力指导。

(一) 产生背景

"治理"一词最开始来自世界银行1989年的倡议，但是关于"治理"的概念在学术界尚不统一。全球治理委员会将"治理"界定为符合大众利益，得到公众承认，相互调和利益，实现共治共管的过程及其规则制度。

现代治理理论的主要创始人 James N. Rosenau 认为，治理不同于官方控制的统治，而是主体多元、共同协商，目的是实现公民利益的动态过程。

（二）基本内涵

根据现代治理理论，与管理相比，治理具有以下四个方面的特点：一是在主体方面，治理的主体更广，不仅包括管理的主体国家机关，还包括社会组织、企业主体和公民个人。二是在方式方面，不同于管理对公共事务的强制手段，治理运作形式多元化，包括契约、协商、共享等手段。三是在向度方面，不同于管理自上而下的权力运行，治理的运行方式多样化，主要采取自下而上和左右开展的横向运行维度。四是在效力方面，管理多来自权威统治，公众多是迫于压力而非内心信服，有效性大打折扣；治理从公众利益出发，获得民众认同，能够广泛应用于经济、政治、社会等领域，效力更强。

（三）应用评价

现代治理理论在农业供应链金融风险治理方面的应用，主要体现在以下方面：一是多元主体治理农业供应链金融风险。吸纳国家机关、金融机构、社会组织、农业企业主体和农户个人，共同编织农业供应链金融风险治理网络。二是多样手段治理农业供应链金融风险。摒弃传统的强制手段，治理农业供应链金融风险的手段多样化，如契约、协商、共享等手段。三是扁平向多治理农业供应链金融风险。农业供应链金融风险治理的运行多维度，既有自下而上、自上而下的纵向运行，也有左右开弓的横向运行，以扁平化方式取代过去的层级节制。四是利益认同提升农业供应链金融风险治理效力。农业供应链金融风险治理放弃以往的权威统治、管控和压力，而是从农业供应链金融的公众利益出发，获得金融机构、社会组织、农业企业主体和农户个人等的公众认同，吸引多元力量参与农业供应链金融风险治理，提升治理风险效力。

六、机制变迁理论

作为制度经济学的核心组成部分，机制变迁理论最早由美国经济学家

Thorstein B Veblen 提出。他运用"因果累积论"解释了机制的变迁,之后由新制度经济学的开创者——英国经济学家 Ronald H. Coase 及其代表人物美国经济学家 Douglass C. North 继承和发展。

(一) 产生背景

1970 年前,学者们将经济增长的原因主要归功于劳动、资本和技术进步,制度因素常被作为"常数"。North 在研究经济增长与技术进步时,发现还存在第四种因素,即制度的作用,有效推进了经济增长,由此提出将制度变量纳入新古典经济增长模型。在其所著《西方世界的兴起》中,North 指出"制度是经济增长的关键自变量,以产权为核心的激励型制度是推动经济的决定要素"。[①] 通过比较产权结构、法律规章、私有财产保护等制度性因素,他认为英国能够在 19 世纪独占世界鳌头,制度创新和变革是催生经济绩效的重要原因。林毅夫(1997)从机制变迁的原因出发,将机制变迁划分为自发性的诱致性制度和非自发的强制性制度。前者是由于科技、服务、制度集合等因素改变,导致现有制度失衡,一部分人自发组织起来,推动社会制度变革,但是由于公共产品搭便车等行为,以及变革成本较高等原因,导致这类机制变迁发生的概率较小;后者是指当政府估算变迁制度的收益大于成本和风险时,"按税收净收入、政治支持以及其他进入统治者效用函数的商品来衡量,强制推行一种新制度安排的预计边际收益等于统治者预计的边际费用,而强制推动现有制度向自身所期望的方向转变"。[②] 由于强制性变迁制度体现执政者意志力,并且成本由国家承担,风险在一定范围内可控,因此发生的概率相对较高。

(二) 基本内涵

在机制变迁理论中,制度包括正式的法律规范、非正式的宗教、习俗及其有效实施在内的经济激励模式。机制变迁是指当人们对现存制度带来

[①] Douglass C. North, Robert Paul Thomas. The Rise of the Western World: A New Economic History. 厉以平,蔡磊译. 华夏出版社, 2009.

[②] 林毅夫. 关于制度变迁的经济学理论:诱致性变迁与强制性变迁 [M]. 上海三联书店出版社, 1994: 384.

的需求不满时,创新或打破旧有的制度框架,从而导致制度的变化和迁移。该理论主要包括以下四个方面的内容:一是明确机制变迁的三大理论。在《西方世界的兴起》一书中,North 总结了机制变迁理论的核心要义:具有激励性的产权理论,能够建立有效率的市场和推动技术进步;调整产权的政府理论,有助于明晰产权界限和减少谈判的交易费用;主观见之于客观的意识形态理论,建立伦理法则和道德规范,形成共同的价值观,减少交易成本。二是机制变迁的基本步骤,包括"决定机制变迁的主体提出变迁方案——根据相关原则评估和筛选方案——产生机制变迁的实施主体——共同变迁制度"。三是机制变迁的路径。包括以政府为主体推动的机制变迁,称为以上率下的"顺向变迁";以基层民众或集团为主体,诱导其他群体共同变迁制度,称为以下推上的"逆向变迁"。四是提出路径依赖理论。已有的制度会对将来的制度产生自我强化的作用,表现为递增的报酬激励,在信息不完全的市场中路径依赖作用尤为明显。

(三)应用评价

North 的机制变迁理论为研究机制构建和机制完善提供了理论指导。在乡村振兴战略下农业供应链金融风险治理的路径构建中,机制变迁理论能够发挥重要作用,提供如下启示。

一是当前我国农业供应链金融变迁迫在眉睫。机制变迁理论指出,变迁的诱因是人们对现存制度带来的需求不满,表现为现有制度供需不均或供不应求。当前,我国农业供应链金融缺位,农业中小微型企业及农村居民无法享受到城市企业及居民的金融保障。随着城乡差距扩大及城市金融吸附效应的日趋严重,农业金融愈加脆弱,不仅没有给农业"输血""造血",反而成为"吸血""嗜血",由此导致农村金融供给的严重失衡,农业供应链金融的制度需求变迁处于倒垂一线、千钧一发之际。二是从机制变迁的路径来看,党和政府非常重视乡村振兴下的农业供应链金融建设,为农业供应链金融发展及其风险治理提供了动力支持,以上率下的"顺向变迁"态势明显。同时,嗷嗷待哺的农业中小微型企业急需供应链金融扶持,期待早日打破融资难且贵的瓶颈问题,形成了以下推上的制度"逆向变迁"。三是在乡村振兴战略下农业供应链金融风险治理变迁中，应该充分借鉴机制变迁的三大理论，完善风险治理变迁的基本步骤，深刻分析乡村振兴战略下农业供应链金融风险治理的路径依赖正反两方面效应，采用渐进式、"分步走"方略，逐步实现乡村振兴战略下农业供应链金融风险治理的基本目标。

第三节 农业供应链金融风险治理的目标、因素及运行机制

运用交易成本理论、生命周期理论、供应链管理理论、动态风险防控理论、现代治理理论，指导农业供应链金融风险治理，首先要科学确立农业供应链金融风险治理的目标导向和影响因素。

一、农业供应链金融风险治理的目标定位

（一）强化乡村振兴下农业金融"活血"功能

党的十九大将乡村振兴上升为国家基本战略，"兴旺产业"和"富裕生活"直接和农业金融密切相连，农业金融发挥盘活农村资产、增强农业活力、富裕农民生活的关键作用。然而农村土地资源难以成为资产，受制于流动性限制而不能变现为资本，无法获得类似于城镇土地的抵押和担保，造成大部分农民守着农村宅基地、耕地和集体建设用地，而无法获得金融机构贷款，农业金融成为我国金融体系中最为薄弱的一环。国家乡村振兴战略明确提出"农村金融改革任务繁重，城乡之间要素合理流动机制亟待健全"，说明了当前金融"活血"的紧迫性、必要性；单列一章"加大金融支农力度"，提出了丰富而全面的农村金融举措。改变目前金融机构名义上支持农民而实质上弱化农民的现状，须通过建立农民合作金融、供应链金融，让农村金融资源在农业供应链闭环流转增值，防止农业资本外流、资产贬值。从激发农业的金融内生动力入手，破解长期以来农业金融"扶

而不强"、越扶越弱的路径怪圈,通过自我"造血"、内部"活血",激活农业、农村和农民的内生活力,让农业自力更生、农民自强不息、农村自我革新。

(二) 实现农业供应链金融的控风险与强制力有机融合

发展农业供应链金融是弥补当前农业金融短板及供需失衡的重要举措。目前我国供应链金融占国民经济和金融体系中的比例仍明显不足,也远远落后于欧美发达国家,国民经济最基础的农业的供应链金融寥寥无几,传统的金融支持年复一年求而不得,嗷嗷待哺的农业更需要供应链金融的眷顾和惠及,才能够缓解和改变农业中小微企业融资难且贵问题,发挥雪中送炭的甘霖作用。目前,农业对金融的需求远高于供给,供需严重失衡,亟待完善农业供应链金融治理体系,助推农业供应链金融又好又快发展,匡正当前农业供应链金融供需失衡态势。同时,治理农业金融风险和提升金融治理能力是相辅相成、相得益彰,建立供应链金融风险治理体系的必要性与紧迫性,在于防控和降低农业供应链金融风险,将传统外部金融风险内生化,建立闭合循环的农业供应链金融封闭体系,最大化地科学治理农业供应链金融风险,将金融隐患消灭在萌芽状态。构建农业供应链金融组织体系,能够有效治理农业供应链金融风险;大型农业企业和农民合作社作为农业供应链金融的核心主体,提升其治理能力,将增强整个农村的治理效益。

二、农业供应链金融风险治理的影响因素

农业供应链金融风险是农业供应链金融的衍生物,不可避免也难以杜绝,只能尽力消减。

(一) 优化农业供应链是金融风险治理的前提

农业供应链金融产生的关键是核心农业或合作社的中流砥柱作用,直接决定上中下游中小微实体企业能否获得融资,以及相应的风险治理保障机制的发挥。中小微实体企业只有与核心企业或合作社协作,才能提升与金融机构的融资博弈实力,增加征信能力,提高抵押和担保水平。信息失

衡是农业供应链金融风险的重要因素，在传统的农业金融中，金融机构面对广泛而分散的农户，存在贷款信息失衡问题，为规避农业金融风险可能提升贷款利息，减少贷款额度，造成农户及农企融资难且贵。农业供应链金融风险以核心农企或农业合作社为主导，外部金融机构看重核心农企或农业合作社的实力，以及上中下游农户及农企的信用，因此，愿意放贷并降低贷款利率，从而增加了金融机构与农户及农企的信息均衡。而且，核心农企或农业合作社根据与上中下游农户及农企的账款、订单作为实际依据，用以筛查和淘汰一批信用不足的贷款申请，减少客户选择偏差，做到对农业供应链金融道德风险的提前防控，增加了贷款执行和回款的效益。

（二）增强核心农企信用是供应链金融风险治理的关键

在农业供应链金融中，核心农企或农业合作社处于主导作用，它们的外溢信用直接决定着中小微型农企及农户能否获得金融机构贷款，从而必须大力提升农业供应链金融中核心农企或农业合作社的增信实力，扩大信用辐射功能。事实上，农业供应链金融中不同产供销零环节信用差异较大，特别是最上游的生产农产品环节，多为分散、实力弱小的农户及中小微型农企，资本少、抵押弱，更需要核心农企及农业合作社给予的信用支持。而农业供应链金融中下游的农企或合作社市场化程度、规模化水平高，可以依据农业供应链金融的闭合链条，通过下游核心农企或合作社为上游的农企或农户担保授信，增强整体农业供应链金融的投融资实力。缓解其融资难且贵问题，要以整体打包和信用整合的方式，扭转过去单笔业务、单个农户或农企的贷款评估方式，提升农业供应链金融整体征信水准。同时，建立农业供应链金融信用评价制度，对每个农业供应链金融参与者信用进行评分，以下游核心农企和合作社为中心整合信用，减少不同阶段不同企业的信用分割和贷款失衡，实现1+1>2的整体信用效益最佳。

（三）提升治理能力是农业供应链金融风险治理的目标

提升农业供应链金融治理能力关键是核心农企和合作社的治理能力，因为它们是农业供应链金融的主导力量，供应链金融能否有效运转，主要依靠核心农企和合作社的协同和组织能力。一是核心农企和合作社要当好金融机构的"二传手",减少贷款流程成本和操作风险。农业供应链金融的核心是农业再生产,受自然环境变化影响大,周期长、地域广、易分散,导致金融机构业务操作难、风险大。核心农企和合作社通过应收账款和票证监控农业供应链金融的"四流",监测信用变动,能助推金融机构放贷,为金融机构惠农提供人力、网点、财力、监管等支持,节约操作时间,减少金融风险。二是拓展农业供应链金融治理能力,将农业保险等金融产品注入到农业供应链金融之中,支持中小微型农企及农户贷款,解决与金融机构的风险"疑虑"。在乡村振兴战略下,引导财政补贴进入农业保险领域,可发分担农业供应链金融治理风险。同时,实行产学研相结合,引进农业供应链金融研究力量,帮助核心农企及合作社提升农业供应链金融治理能力。三是做好农业供应链金融自偿贷款的专用监管,防止农企和农户变更融资用途。四是优化农业供应链金融的产供销一链化,增加信息均衡。核心农企及合作社为中小微型农企及农户贷款担保,并做好技术服务和保险帮扶、产供销市场开拓,防止农产品供需不对称。建立反向担保,一旦中小微型农企及农户某一个链条失信,核心农企及合作社将停止后续合作,从而督促中小微型农企及农户及时还款,减少违约的道德风险和失信行为,降低农业供应链金融风险,提升农业供应链金融治理能力。

三、农业供应链金融风险治理的运行机制

（一）明晰农业供应链金融风险治理的动力及关键

农业供应链包括产供销多个环节,伴随着资金、信息、物品和商业四流的多向循环。

首先,资金需求是驱动力,产供销多环节需求资金助推供应链金融运作。没有资金需求的原动力,将会造成农业供应链金融一团死水,毫无生气。过去传统的农业金融是单独农户、单笔交易考察和监管,既浪费资源,又徒耗成本,农业供应链金融盯住核心农企或者合作社,辐射整个供应链,捆绑上中下游中小微实体农企或农户,制订和实施系统农业供应链金融方案,增加了规模效应,减少了风险成本。

其次，信用增进是关键。传统的金融机构远离农业，不愿意供给农业，关键在于农企、农户及农业合作社的信用不足、少担保、少抵押、风险高、波动大，不可预测性强。因此，农业供应链金融通过核心农企或合作社的高信用为上中下游中小微实体农企的担保增信，以应收账款、实际票据等作为融资凭证，可以增加传统难以获得贷款的农户及农企的信用水平，提高征信额度，真正做到金融的"据实贷款"原则，以每笔实际存在的应收账款、实际票据作为金融凭证。

(二) 农业供应链金融风险治理的运行环节

按照动态风险管控理论，农业供应链金融动态风险的治理可以简化为风险识别、评估、管控和绩效四个环节，由此构建农业供应链金融动态风险的治理框架，从风险识别、评估、管控和绩效等方面，剖析农业供应链金融动态风险治理的运行机制，优化风险判断和归类、风险估计和预测、风险条件控制和财务安排及结果效益评价。在识别风险阶段，核心农企或农业合作社要对现实和潜在的风险研判、整理、归类，鉴定风险的性质和类型，区分是动态风险还是静态风险。在评估风险阶段，进一步分析农业供应链金融动态风险造成的损失，预估动态风险的走向、概论及影响，评估动态风险损失程度及频率大小。在管控风险阶段，运用多种方法，主要是改变农业供应链金融动态风险事故及损失产生的条件状况，从而减少损失程度及频率，同时，调集人财物力量，事前做好财务方面的风险成本安排。在风险绩效评价方面，对风险管控的效果进行评析，研究与预期动态风险管控目标的契合指数，从效益性、适应性及科学性方面评判风险管控效果。

第三章　我国农业供应链金融发展变迁

供应链金融不是天生的，而是金融生产力发展到一定阶段，供应链生产关系与金融生产力相适应的产物。农业供应链金融风险是伴随着农业供应链金融的兴起，凡是存在供应链金融的地方就要治理供应链金融风险。因此，首先要分析农业供应链金融的来龙去脉及在我国的发展变迁，才能研判未来的发展趋势，为有效治理农业供应链金融风险提供解决思路。本章以交易成本理论、生命周期理论、供应链管理理论、动态风险防控理论、现代治理理论、机制变迁理论等为指导，从供应链生产关系适应金融生产力的辩证视角，在分析我国农业供应链金融政策和实践的基础上，探讨了我国农业供应链金融的制度演进，有助于准确把脉农业供应链金融的发展方向，深入探索内在规律，研判未来发展趋势。

第一节　我国农业供应链金融的演进脉络

为了更好地分析当前我国农业供应链金融风险，首先应了解农业供应链金融的发展脉络。

一、我国农业金融政策变迁

新中国成立后，作为农业大国，中央政府高度重视农业发展，出台了一系列农业金融支持政策。新中国成立伊始，我国金融政策顺应计划经济的集中体制和要求，金融惠农政策反复变迁，尚未发挥明显作用。如国家农业合作金融银行，本应承担农村产业发展的金融"输血"功能，在央行领导下惠助中小微型农企，却面临着机构更迭、职能变化、效应弱化的现实。1951年成立，不到一年就成为央行分支机构。1955年再次成立，两年后又并入央行。1963年又一次成立，两年后继续合并到央行。农业金融政策依附于计划经济管理，尚未发挥出应有作用，金融惠农未能让农业产业得到明显实惠。直到1977年改革开放后，伴随着市场经济发展，农村家庭联产经营的破土而出，农业金融政策才真正落地生根，农业金融生产关系随着农业生产力的发展而成长，先后经历了萌芽期、转型期和成长期等阶段（见表3-1）。

（一）第一阶段：农业金融萌芽期（1977—1992年）

改革开放后，农业金融作为农业发展的先驱，能够有力促进农村市场经济发展，迎来了发展的"春天"，其标志是建立农村信用社，作为集体金融组织，承担信贷责任，之后又进一步明确其银行投融资职责。1977年国务院下发《关于整顿和加强银行工作的规定》，要求"发展信用合作社，组建集体金融，成立农村银行基层机构"，其主要作用是将农业信贷资金上升到国家信贷层面。当年，中国人民银行颁布《信用合作社工作条例》，指出"信用合作社可以代替银行营业所履行金融业务"，其主要作用是支持农业信用合作社银行化。1979年国务院发布《关于恢复中国农业银行的通知》，重设中国农业银行，办理农业经营主体的存贷款业务，并与农村信用社分工合作，由此农行成为支农的专业性金融机构，得到了国家的大力鼓励，从而削弱了农村信用社的职能。1983年中国农业银行颁布《关于改革信用社管理的意见》，要求改革农村信用社体制，重新恢复农村集体融资性质，成为群众组织。1983年后，农村信用社以自我经营、自我发展为主。

从农村信用社的发展脉络可知，未来将取消官办回归集体合作、自主经营的"本性"这一改革迎来了飞跃发展。无论是储户数量，还是存贷款规模都大幅上升，有力推动了农业乡镇企业和集体农业发展。同时也大幅提升了农业效率，增加农民收入，吸引力农业主体积极存储，反过来又有力支援了农村信用社资金聚集。可见,农村信用社与农业银行一道,成为金融惠农的重要支撑。农村信用社坚持自主、合作为主,随着乡镇企业的兴旺而繁荣,也随着其没落而衰退,大部分乡镇企业的未收贷款成为农村信用社的不良资本,面临较大危机。

(二)第二阶段:农业金融转型期(1993—2012年)

1994年国务院下发《关于组建政策性银行的通知》,成立国家开发银行、中国农业发展银行和中国进出口银行,首次将政策性金融与商业性金融分离,但是政策性银行主要惠顾大型国企,对于中小微型农企支持力度不足。由于农村信用社在乡镇企业低迷后发展受阻,国家另辟蹊径,引导成立农村商业银行,坚持市场化导向,剥离过去承担的政策性金融业务。1995年中国人民银行发布《关于组建商业银行的通知》,将农村信用社改制为农村商业银行,明确其金融属性,有助于提升金融服务效率。但是农村商业银行坚持企业的利润导向,而非信用合作社的互助互惠导向,对农业的信贷投入减少,服务三农力度减弱。然而农村商业银行的"盈利"属性,让本就难以获得贷款的中小微型农企和农户捉襟见肘,由于信用低、担保少,农村商业银行逐步取消了在农村的银行分支机构,而农业发展银行等政策性银行往往聚焦于大型农业项目,对于分散化经营、资金不雄厚的众多农业项目嗤之以鼻。因此,农村商业银行的建立,可能在某种意义上反而加重了农户及中小微型农企融资难且贵问题,政策性和商业性农业银行的惠农金融却转向"非农化"方向。2006年中国银监会发布《关于调整防控农村银行业金融准入政策的意见》,放宽农业金融机构准入限制,鼓励国际、产业和民间资本设立农村银行、信用社和子公司银行,引入小贷公司、资金互助社和村镇银行进入农业金融领域,有效提升了农户、农业合作社和农企的融资效率。除传统银行外,农业小贷公司、农业互助社、村镇银行兴起,特别是农业小贷公司爆发式增长,对于农业金融惠农发挥了重要作用,惠农效率大幅增加。2010年后,中国农业银行上市,一批地方农村商业银行业也成功上市,商业银行迎来了新一轮发展黄金期。但是上市对接国际市场和国内城市市场,对农业金融发展收效甚微,农业金融惠农不足问题仍未解决。

(三) 第三阶段：农业金融成长期（2013年至今）

2012年后，我国经济增速减缓，农业金融产生了较大变革，顺应了经济新常态下农业结构调整。农业发展方式转变，突破过去国有商业银行一家独大局面，民营银行破茧而出，自主性增强，能够独自经营农业金融发展。2014年中国银监会发布《关于建立民营银行试点工作的通知》，给予六家民营银行发放有限牌照，试点民营银行，为农业金融注入了新鲜血液，有利于农业金融供给侧改革。但是，前两批六家民营银行多为城市银行，偏重于网络金融和城市发展，对于农村金融的支持力度并不大。2014年后，多家金融机构产生违约风险，出现"爆雷"事件，中国银监会加强了金融监管组织改革，专门成立合作金融部门监管农村中小微金融组织发展。2015年《关于重构银监会组织架构的意见》实施，中国银监会内部成立合作金融监管部，管理农业中小金融机构，目的是防范金融系统性风险，加强金融内部监管。合作金融监管部的运行，标志着我国正式将金融风险纳入中央层面的管控之中，有利于治理农业供应链金融风险。在供应链发展方面，中央层面也出台了一系列创新政策。2017年国务院办公厅颁布《关于积极推进供应链创新与应用的指导意见》，要求"积极稳妥发展供应链金融"。至此，一大批央企成立供应链金融部门，商业保理公司开始试点供应链金融。2019年党中央一号文件《关于坚持农业农村优先发展的若干意见》，强调"推动农村商业、合作银行及信用社回归'三农'服务的本源"，标志着中央一号文件要求从根源上打通金融服务"三农"环节，说明农村商业、合作银行及信用社不能仅以企业的盈利为目的，也要发挥金融惠农的"属性"。2020年是供应链金融迎来政策红利的一年，中国银保监会实施《关于推动供应链金融服务实体经济的指导意见》，明确指出供应链核心农企要带头打造金融链，提供一揽子综合金融服务，为上下游供应链企业提供内生金融支持，破解外生金融帮扶不力的难题。同年，中国人民银行联合财政部等八部门发布《关于规范发展供应链金融优化升级的意见》，进一步明细了供应链金融未来的发展方向，要求建构核心农企为主导的供应链金融,并完善供应链金融风险评估体系,着力破解供应链金融系统性的难题。该文件的出台,进一步优化升级了供应链金融的发展战略,为防控和治理农业供应链金融指明了发展路径。

总体来看,当前我国已初步组建了包括农业政策性银行、商业性银行、信用合作社、农业保险公司及农业小贷公司、民营银行、村镇银行、资金互助社在内的新型农业金融机构等农业金融服务体系。

表 3-1　　　　　　　改革开放以来我国农业金融政策变迁

阶段	政策名称	颁发部门及时间	主要内容	对农业金融的作用
第一阶段	关于整顿和加强银行工作的规定	国务院,1977年	发展信用合作社,组建集体金融,成立农村银行基层机构	将农业信贷资金上升到国家信贷层面
	信用合作社工作条例	央行,1977年	信用合作社可以代替银行营业所履行金融业务	支持农业信用合作社银行化
	关于恢复中国农业银行的通知	国务院,1979年	重设农行,与农业信用社分工合作	农行成为支农的专业性金融机构
	关于改革信用社管理的意见	农行,1983年	改革农村信用社,恢复集体金融性质,成为群众组织	农村信用社以自我发展为主
第二阶段	关于组建政策性银行的通知	国务院,1994年	国开行、农发行和进出口银行成立,分离政策金融与商业金融	支持中小微型农企力度不足
	关于组建商业银行的通知	央行,1995年	改制农村信用社为农村商业银行,明确金融属性,提升金融服务效率	利润导向下农业投入减少,服务三农减弱
	关于调整防控农村银行业金融准入政策的意见	银监会,2006年	鼓励国际、产业和民间资本设立农村银行、信用社和子公司银行	小贷公司、资金互助社和村镇银行诞生

续表

阶段	政策名称	颁发部门及时间	主要内容	对农业金融的作用
第三阶段	关于建立民营银行试点工作的通知	银监会，2014年	发放有限牌照，给予六家民营银行	试点民营银行，注入金融血液，改进农业金融
	关于重构银监会组织架构的意见	银监会，2015年	成立合作金融监管部管理农业中小金融机构	防范金融系统性风险，加强金融监管
	关于积极推进供应链创新与应用的指导意见	国务院办公厅，2017年	积极稳妥发展供应链金融。一大批央企成立供应链金融部门	央行保理公司探索供应链金融试点
	关于坚持农业农村优先发展的若干意见	党中央，2019年	推动农村商业、合作银行及信用社回归"三农"服务的本源	中央一号文件打通金融服务"三农"环节
	关于推动供应链金融服务实体经济的指导意见	银保监会，2020年	供应链核心企业要打造金融链，提供一揽子综合金融服务	为上下游供应链企业提供内生金融支持
	关于规范发展供应链金融优化升级的意见	央行等八部门，2020年	明细供应链金融发展方向，建构核心企业供给金融和评估风险体系	系统性地破解供应链金融难题

资料来源：根据中国政府网、财政部、中国人民银行等政府网站资料汇总整理。

二、我国农业供应链金融的发展阶段

相对于国外供应链金融而言，我国的农业供应链起步晚，但起点高，与国外一样，是大型银行主导农业供应链金融发展。

（一）探索发展阶段（2006—2018年）

2006年深圳发展银行在全国率先推出供应链金融业务，引起了市场强烈反响。两年后，能源、汽车、钢铁等业态供应链金融实现了爆发性增长。

然而，当时的供应链金融实践远远领先于政策规范，上海钢贸2012年爆发金融融贷危机后，再加上监管缺失，产生了较多风险，尤其以2012年上海骗贷影响最为源远，并跌入低谷。直到五年后的2017年，国务院办公厅发布《关于积极推进供应链创新与应用的指导意见》，要求"积极稳妥发展供应链金融"。① 当年，一大批央企成立保理公司开始试点供应链金融业务。

（二）规范成长阶段（2019年之后）

2019年中央一号文件，要求"推动农村商业、合作银行及信用社回归服务农业、农村和农民的本源"，构建县域银行业金融机构服务"三农"的激励约束机制，要求农村商业、合作银行、信用社的具体安排，体现了农业金融惠农的重要性和紧迫性。尤其在2020年突如其来的新冠肺炎疫情席卷全球，造成中小微实体企业举步维艰，部分企业纷纷倒闭，党和国家高度重视，提出"六稳""六保"，相关部委积极行动，中国银保监会发布《关于推动供应链金融服务实体经济的指导意见》，以供应链核心企业为依托完善金融链，为上下游供应链企业提供一揽子综合金融服务。② 央行等八部门出台《关于规范发展供应链金融，支持供应链产业链稳定循环和优化升级的意见》，明细了供应链金融的发展方向，建构核心企业主导的供给金融和评估风险体系，系统性地破解金融难题。③ 特别是在乡村振兴的系统政策红利下，农业金融惠农政策出台，将会带动农业供应链金融的实践推陈出新。

---

① 国务院办公厅. 关于积极推进供应链创新与应用的指导意见. 2017年.
② 中国银保监会. 关于推动供应链金融服务实体经济的指导意见（银保监办发〔2019〕155号）.
③ 中国人民银行等八部门. 关于规范发展供应链金融 支持供应链产业链稳定循环和优化升级的意见. 2019.

第二节　我国农业供应链金融的发展趋势

通过深入分析我国供应链金融政策及其实践，剖析供应链金融的历史变迁，可以为研判供应链金融的运行规律和发展趋势指明方向。作为破解中小微实体企业融资难且贵的战略工具，供应链金融连接金融和产业，按照自身结构和外界环境变化，演变为特定的发展趋势。其中，产业金融场景把握是供应链金融变迁的基础，须从加速资金流、提升竞争力、增强绩效性等方面夯实供应链金融根基；风险治理能力提升是供应链金融演变的关键，需从供应链要素、结构、流程进行三维管控；供应链金融可持续发展离不开合规性、合理性的审查；强化供应链金融的社会责任担当、缓解弱势中小微企业融资难且贵问题，是服务国家实体经济和民生发展的重要手段和主要目的。深化金融和产业的融合，形成水乳交融的格局，是乡村振兴战略下农业供应链金融发挥"1+1>2"的必然趋势。

一、把控农业金融场景是农业供应链金融的现实要求

（一）把控供应链金融的产业场景

供应链金融是一套复杂的系统，它连接产业链和金融链，必须充分掌握各个产业场景的主体优点、痛点、难点和诉求点，知己知彼，方能推动供应链金融行为有效实施，完成供应链金融服务中小微实体的核心目标。而且，不同行业产业场景相差甚远，要经过广泛而深入的调研，才能把控供应链金融的产业场景特点，提升解构和建构供应链金融产业场景的能力，有的放矢掌控供应链金融风险。

（二）增强供应链金融的战略绩效评估

供应链金融是一个庞大、复杂、长期、全盘的系统，而非单一、短期、简单、局部的产业行为、金融活动，很难用短期的金融收益评价，有待增强供应链金融的战略性，从整体性、长远性、全域性角度，全面衡量供应

链金融效益,降低整个供应链中小微实体企业的交易成本,防止金融资源与回报无法有效匹配。

(三)增强供应链金融的过程管控

从金融运行节点上,将供应链金融划分为寻源、运前、运输、运后四个阶段。在寻源阶段,主要是对上游企业融资,由于供应链金融的供需双方还未开展实质交易,仅停留在以往业务合作中建立的信任关系,因此供应链金融的风险最大,容易导致资金中断、链条断裂。在运前阶段,主要是依据采购订单融资,发生在发运产品前,也是基于供应链金融供需双方的信赖关联度,因此风险适中。在运输阶段,依据物流运输中的产品或者库存,因为是实实在在的物品,因此供应链金融程度较低。在运后阶段,供应链金融促使金融需求方获得营运资金,以提单、票据或装运单等应收账款作为依据,流通性较强,因此风险最低。

(四)明晰供应链金融的担保物性质

根据可获得的担保物不同,供应链金融分为关系型和市场型融资,关系型属于非正式供应链金融,尚未建立可约束的契约,尚无实质性的担保物,主要基于供需双方的信任度,以供应链金融中的合作伙伴为主,双方彼此了解信用、交易、运营能力。与此相反,市场型融资属于正式供应链金融,拥有提单、票据和装运单等应收账款或者存货、产品作为担保物,建立了正式的契约关系和法律规制,有助于供应链金融中合法途径的有效评估。

二、提升风险治理能力是农业供应链金融的演变关键

虽然供应链金融能够在一个系统内全方面了解供需各方的信息,将实体与金融有机联系在一起,降低金融"脱轨"的系统性风险。但是,供应链金融容纳了更多的金融机构与中小微型企业,鱼龙混杂,容易导致鱼目混珠、良莠不齐。按照系统论的观点,增加一个供应链单元,将会增加至少 N 个链条,如果由于信息失衡造成信用违约或者金融"爆雷",将会导致更加严重的金融风险。因此,必须提升供应链金融的风险治理能力,防

范虚构交易进行套税、套汇、套利,"一夫多娶"或者"一女多嫁",仓单虚假或重复、金融自保、偷梁换柱和移花接木等风险的发生,将防控和治理系统性风险作为供应链金融发展的重中之重。

(一) 增强供应链金融的交易真实性

开展农业供应链金融,前提是交易信息真实,确保供应链金融的贸易行为、交易双方和单据证明的真实性,降低金融系统的风险,要从甄别交易主体、考证交易行为、掌握交易过程、明晰交易要素等方面夯实供应链金融治理的基本能力,做好供应链金融的要素、结构和流程管控。

(二) 获取供应链金融要素信息

在供应链金融要素方面,获取金融供应链的营运信息,如搜集、创建、分析、评价、运输、存储、利用、控制等信息,是供应链金融要素的核心。其中,管理金融供需方、关联方信息要素,如交易信用、三方信用,是供应链金融要素处理的重中之重。

(三) 做好流程管控

在供应链金融流程方面,要维护金融在供应链中的有序运转,做好流程控制。以收入自偿为导向推进整体交易,建立交易盈利率、产品覆盖度、利息保障数、进出状况率等自偿逻辑链条。同时,坚持重点论,做好供应链金融中核心农企流程管控,坚持垂直化管理、周转库存、运转资产、明晰责任和过程管控。

(四) 提高核心农业供应链金融的管理地位

在供应链金融结构方面,要将核心农企置于供应链金融的管理地位,决定整个供应链的发展走向,筑牢供应链金融的网络结构。要科学设计供应链金融的供需业务结构,通过闭合型业务、成长型业务、资产和盈利结构等的组合,降低供应链金融的不确定性,规避供需各方复杂的债权债务间的风险。从供应链金融的要素、结构和流程出发,增强风险治理能力,真实准确反映供需关联方的交易背景,有利于可持续开展供应链金融。

三、深化产金生态协同是农业供应链金融的必然趋势

作为立足于产业链的金融行为,供应链金融不仅是供应链助推金融链,而且是金融链优化产业链,缓解中小微实体企业的融资难且贵问题,推动产业链可持续发展,亟待深化金融系统改革,构建金融新生态。

(一)各类金融机构协同合作,建立供应链金融生态

为防止各金融机制各自为战,对产业端的风险管控不足,无法满足中小微实体企业的金融需求,要建立金融机构协作联盟,减少信息不对称,畅通金融"最后一公里",从而为产业链提供全套金融供给方案。同时,构建协同、有机的风险治理体系,有助于各类金融机构搭建金融生态平台。通过整合、共享产业端的信息、数据、资源,做到产品、信息、资产、交易、政策和监管共享,防范道德风险、系统性风险,提升金融生态的运行效率。

(二)丰富供应链金融的生态性

供应链金融不仅仅是传统的为中小微型实体企业提供借贷业务,还包括后续的服务升级,如保险、基金、证券、信托、期货、银行等业务,可以发挥经纪、交易、承销、咨询、信托、投资、避险等综合功效。单一的金融机构难以有效满足产业供应链的多样化需求,亟待构建金融生态,协同供给金融产品和服务,回应包罗万象的价值诉求,推动供应链金融可持续发展。[①]

四、持续强化社会责任是农业供应链金融的客观需要

金融业作为现代产业的"皇冠",不仅促进经济增长和实体发展,还承担社会服务和可持续发展的更高层面责任。

(一)推进供应链金融合规性、可持续

在市场经济环境下,任何市场主体必须按照法律和市场规律办事,合

---

① 宋华. 中国供应链金融的发展趋势 [J]. 中国流通经济, 2019 (3): 3-9.

规合理经营。供应链金融的各方主体必须将合规性作为立足之本,厘清金融与产业的边界,防止偏离主业,否则将阻碍中小微实体企业融资。产业端创造信用、促进资金流通,金融端服务中小微实体,保障资金有序供给。要推动产业和金融回归主业,提升服务实体经济的能力,切实履行服务中小微实体企业的社会责任。

(二) 打造可持续的农业供应链

长期以来,农业、农民、农村是我国制度运行的基础,也是当前城乡融合的短板,农业供应链组织分散、规模化生产程度低,营运流程不畅、效率不高,应对市场风险能力较弱,难以随行就市和因需生产,金融机构往往退避三舍,造成农业链在供应链金融中处于弱势地位。亟待将供应链金融注入农业产业发展之中,通过合作社将分散农户组织起来,采取订单生产、销售,缓解农产品"多收了三五斗"的困境。

(三) 再造能循环的绿色产业供应链金融

当前,绿色产业面临产废信息不畅、监管缺失、无序发展、标准不一、运行低下、信用失真等难题,造成绿色产品难循环、再污染,融资难且贵问题也依然存在,亟待嵌入绿色产业的供应链金融,重塑绿色产业的盎然生机局面。[①]

第三节 乡村振兴战略下农业供应链金融的发展要求

《乡村振兴战略规划(2018—2022年)》是我国乡村振兴战略的顶层设计,其中关于供应链的核心词仅有两处,但均用在了农业发展方面。同时,在金融惠农方面运用了大量篇幅提出了明确而具体的发展要求。总体来说,实施乡村振兴战略,农业供应链金融迎来了广阔的发展机遇,也承

---

① 李健.供应链金融述评:现状与未来 [J].系统工程理论与实践,2020,40 (8):1977-1995.

载了全新的时代要求。

一、在供应链核心技术方面探索绿色智能农产品供给

当前,构建绿色智能农业供应链十分紧迫,三大农产品水稻、玉米和大豆我国产量均在全球排名前列,但是却未占据市场和价格主导地位,农业供应链技术落后于发达国家是重要原因之一,从而导致我国农业产品市场分散化、小型化,容易被国际农产品巨头收购,进而占据我国农业供应链及农产品市场。在绿色农产品方面,随着绿色、生态、环保理念的增强和人民对农产品消费的提档升级,生鲜产品逐渐受到居民的喜爱,尽管我国绿色生鲜农产品生产数量长期保持世界领先,但是供应链环节消耗过大,达12%~30%,浪费严重,说明绿色智能供应链技术明显落后于国外发达地区和国家。研发绿色智能供应链农产品技术,完善相关绿色供应链装备建设,增加农业供应链信息、智能水准,有助于减少农业供应链消耗,提升农业产品质量。攻坚农产品供应链绿色智能核心技术,有助于防控农产品质量变异问题,提高农产品保存和运输生命周期,转型升级现代农业产业,破解我国目前农产品产供销全程供应链大能耗、多损耗、劣质量、安全性等问题,提升农业供应链智能、信息程度,从而实现与国外物流供应链技术的赶超,加快农业供应链绿色智能发展,促进现代农业转型升级。

二、在供应链主体方面加大培育现代农业经营型主体

乡村振兴的重中之重是农业兴旺。发展农业的关键是人,经营型主体是实现现代农业转型发展的核心竞争力。近年来,农业劳动力数量锐减,农民工外出打工逐年增加,而农业劳动力质量不高。因此,要大力培育新型农业经营型主体,如在充分尊重耕种农户意愿的基础上,加快土地流转,培养适度规模的大型农企或合作社;同时,为亟须提升农业技巧的农户提供新型职业培训,转变思维观念,促使农业技能提升。而且,成立农业专业合作社,形成规模化经营,培育农业供应链金融主体。充分发挥农业保险、保理的作用,防范农业经营风险,提升中长期农业运营效益。在传统

小农向现代农业的转变过程中，农业供应链金融发挥着重要作用。相对于传统金融，农业供应链金融的关键是核心农企或农业合作社，为上中下游小微农企"背书"，提供担保和抵押，从而使其获得往常渠道难以获取的金融支持。例如，引进大型物流机构、网上平台，采取企业+农户+超市的模式，采取订单生产、销售、运输和零售，优化农业供应链及其金融流转渠道。鼓励财政、金融政策大力扶植农业合作社发展，增加中小微农企和农户的话语权，在农业供应链金融的助推下成长为新型农业供应链经营主体。另外，应当引入农业供应链金融集成思想，对接现代农业链，打造全覆盖、区域全、配套好的农业新型社会化服务体系。

三、在供应链金融系统方面要构建新型惠农支撑体系

农村底子薄、农民致富难、农业发展慢的原因众多，核心之一是缺乏足够的金融支持。虽然2004年以来出台了一系列强农惠农举措，但是三农问题仍是我国发展最薄弱的链条，城乡剪刀差仍是制约我国建成现代农业强国的主要瓶颈。乡村振兴战略高屋建瓴提出满足"多样化的农业金融需求"，对于处于嗷嗷待哺的中小微型农企来说是久旱逢甘霖，它们在传统的金融惠农措施下，难以获取正常的金融机构扶持。因此，亟待发展农业供应链金融，从农业供应链内部给予中小微型农企金融支持和抵押担保，将有助于缓解它们急需的农产品产供销一整条供应链金融缺血的事实。在乡村振兴战略下，农业供应链金融将迎来良好的发展契机。一是从农业薄弱环节和重点领域入手，鼓励农业金融投入，包括农业小贷公司、资金互助社、村镇企业等新型金融经营主体，满足多样化的农业金融主体需求。二是用政策性指令干预农业金融主体惠农职责，每年确定一定的服务农业供应链及金融的数量、质量考核指标，使中国农业银行、国家开发银行等加大农业供应链金融业务开发力度，为乡村振兴提供信贷支持。三是改革农村信用社和农业合作社金融，回归金融惠农的"本源"，吸收保险、证券、期货、担保、租赁、基金、信托等金融资本，投入乡村振兴和农业发展。四是加大金融惠农产品和服务创新。在农村三权分置过程中，试点土地经

营权、集体建设用地使用权、农民房产权抵押，以农业供应链核心农企或合作社作为担保，获得金融机构融资贷款。而且，建立农村产权交易及金融信用平台，允许土地经营权、集体建设用地使用权、农民房产权自由流动，获得农业金融支持，打通城乡资本惠农渠道。五是加大农业金融惠农激励政策。充分发挥财政奖补、优惠税收的作用，大力支持农业金融服务。细化农业金融服务乡村振兴的指导意见，信贷政策瞄准农业供应链发展，发挥核心农企或合作社的再贴现、再贷款等功效，对于金融支持农业及其供应链发展给予超额奖励和补助。同时，发挥保险、保理的作用，完善农业缓释金融风险机制和国家担保基金作用，提高中小微农企担保融资增信。另外，制定中国农业银行、国家开发银行等的金融服务乡村振兴和农业发展考核办法，对于缓解中小微农企贷款难贷款贵不力的给予惩罚，有效改进融资渠道和价格的大力奖励，并做好农业供应链金融的风险治理，促进农业供应链金融助推乡村振兴战略可持续发展。[①]

四、在供应链金融风险方面要大力提升农业治理能力

乡村振兴战略高度重视农业供应链金融风险防范。风险与金融密不可分。当前，我国供应链金融市场接近16万亿元，且未来供应链金融发展势头旺盛，但也催生了供应链金融部分野蛮生长的"乱象"。防范和治理供应链金融风险是供应链金融发展的重中之重，十九届四中全会强调"推进国家治理体系和治理能力现代化"。供应链金融尤为重视风险治理，包括治理基本面、政策面等"外生风险"，企业运营、财务等内生风险，以及内外因素联动。目前农业供应链融资风险暴露，容易触发供应链金融分化。2020年中央八部委联合发文要求"严格防控虚假交易和重复融资风险，加大供应链金融风险防控"。"十四五"规划建议强调"健全农村金融服务体系"和"健全金融风险预防、预警、处置、问责制度体系"。从现实运行来看，目前我国农业供应链金融发展不理想，部分地区停留在口号、概念

---

① 中共中央 国务院印发《乡村振兴战略规划（2018—2022年）》[N]. 新华社, 2018-09-26.

之上，甚至一些老少边远地区尚存空白。部分原因是农业供应链金融作为新兴现象，还未能普及。农业供应链金融风险治理能力不强，加剧了农业供应链金融风险，一些农企和农业合作社金融违约事件频发。从金融风险来源看，农业供应链外围的经济社会文化制度、经济周期、产业政策、科技变化、自然状况等，带来了农业供应链金融的宏观风险，影响整体农业供应链营运，改变了融资情景和要素；在中观层面，农业供应链金融面临农业外部环境风险，农业供应链中企业生产、分销、物流等所有权界限模糊，产生混乱效应、结构惯性和反应迟钝；在微观层面，农业供应链金融面临农企风险，主要是农企财务资质、资源能力、历史信用、盈利运营等客观风险，有限理性的主观道德风险，造成农业网络风险，农企过度反应、不信任和扭曲，冲击和传递风险，必须提高融资农企客观方面的还款能力，减少主观方面的机会主义影响。在供应链金融风险侧重点方面，与传统金融依据借款企业本身的信用，或者采取实物抵押、担保等增信手段不同，农业供应链金融主要瞄准农业贸易的真实性或贸易交易环节的风险。在资金用途监控方面，传统金融对贷款的使用用途无监控或监控力度很弱，农业供应链金融要紧盯农业资金去向，加大监控力度。在金融还款来源方面，传统金融根据借款企业现金流、担保物、再融资能力还款防控风险，而农业供应链金融必须紧盯农业贸易环节的资金回款。因此，农业供应链金融的风险主要体现在农业核心企业或合作社上，集中体现在承担农业基础交易、核心担保或合作保理农企的企业实力、合同真实、道德风险等审查。必须做好农业供应链金融的风险排查、识别、评估、监管和绩效治理，将农业供应链金融风险降低在可控范围之内。

第四章 我国农业供应链金融风险治理现状、弊端及其效应

农业供应链金融风险伴随着农业供应链的诞生而产生，并随着农业供应链的发展而演变。长期以来，我国高度重视农业供应链金融及其风险治理，取得了显著成绩。但是，当前建立的农业供应链金融风险治理体系，却存在先天性的机制缺陷，难以实现缓解中小微农企融资难且贵、保障农业供应链金融安全的目标，不能满足广大农户和农企的投融资需求。运用交易成本理论、生命周期理论、供应链管理理论、动态风险防控理论、现代治理理论、机制变迁理论，系统分析现行农业供应链金融风险治理现状及其弊端和效应，有助于深入剖析农业供应链金融风险问题的成因，探索农业供应链金融风险治理失灵的破解之道。

第一节 我国现行农业供应链金融风险及治理成效

长期以来，我国高度重视农业供应链金融发展及其风险治理，取得了一定的治理成效。

一、农业供应链金融风险治理现状

（一）高度重视农业供应链金融风险防控

在政策方面，有关农业供应链金融风险防控的措施一直贯穿于金融政策之中。如中国银监会 2014 年的《关于建立民营银行试点工作的通知》，

2015年的《关于重构银监会组织架构的意见》，均将防范农业供应链金融风险纳入重中之重，体现了保护农业发展，维护农企和农民合法权益。特别是2019年以来，关于农业供应链金融风险的政策更是紧锣密鼓，如2019年中央一号文件《关于坚持农业农村优先发展的若干意见》谈到发展农业供应链金融及防范风险。2020年，中国银保监会等又先后发布《关于推动供应链金融服务实体经济的指导意见》，央行等八部门还出台了《关于规范发展供应链金融优化升级的意见》，说明治理农业供应链金融风险的政策网络正在形成。

（二）农业供应链金融创新与风险防控并存

着眼于供应链的蓬勃发展，特别是农业链对于缓解中小微型农企融资难且贵问题的重要作用，2017年国务院办公厅颁布《关于积极推进供应链创新与应用的指导意见》，大力鼓励农业供应链金融等发展，要求从财税、金融、行政审批等方面服务于农业供应链金融发展。至此，全国农业供应链金融快速发展，迎来了良好的生态环境。但是，供应链金融隐藏着诸多未知的金融风险。如2012年上海钢贸质押诈骗案，2014年青岛港重复质押仓单骗贷等虚假或重复仓单诈骗风险，以及2014年广东纸浆案，2018年爆雷等自保自融风险。因此，农业供应链金融虽然发展态势良好，但是依然是风险并存，将长期存在。

（三）多层次多类型的农业供应链金融风险治理格局形成

2012年后，我国经济增长减缓，农业金融业产生了巨大变革，顺应了经济新常态下农业结构调整。农业发展方式转变，突破过去国有商业银行一家独大局面，民营银行破茧而出，自主性增强，能够独自经营农业金融发展。但是，前两批六家民营银行多为城市银行，偏重于网络金融和城市发展，对于农村金融的支持力度不大。2014年后，多家金融机构产生系统性风险，出现"爆雷"事件，银监会加强了金融监管组织改革，专门成立合作金融部门监管农村中小微金融机构发展。总体来看，当前我国组建了农业政策性银行、商业性银行、信用合作社、农业保险公司及农业小贷公司、民营银行、村镇银行、资金互助社在内的新型农业金融机构等农业金融服务体系，构建政策性与商业银行融合，国有金融资本与民间金融资本共存、正规金融与非正式金融同在的格局。

二、现行农业供应链金融风险治理成效

经过十多年的研究和实践，我国农业供应链金融风险治理取得了一些成效，一定程度上增加了数亿农村居民成千上万农企的融资收益。

（一）部分缓解了农企及农户融资难且贵问题

作为我国的发展之基和民生之本，农业长期以来面临融资渠道窄、融资成本高的瓶颈，众多农企和农户多为中小微型企业，无法得到及时的扩大再生产贷款支持，濒临倒闭甚至破产。2020年我国农企和农户直接需要的农药、农种和化肥等达6000亿元，由于农业缺少抵押，信用不全农资赊账率达到65%，严重影响了农企及农户获得及时高效融资。农业供应链金融依托农业核心企业或合作社，能够准确掌握供应链内中小微农企的信息、物品、资金和商贸流通，通过应收账款、库存质押和预付账款，将单个农企或农户的非可控风险打包为系统可控风险，金融机构不再评估农企或农户这样的贷款主体，而是关注整个农业供应链金融的供应链交易风险，真正评估农业供应链金融交易，有效降低了农业供应链金融风险，数亿农村居民及成千上万农企由此提升了信用水平和抵押能力，便利了金融机构的融资渠道，而且大幅降低了农业融资成本，贷款利率降到可以接受的水平。

（二）初步构建了成本低、覆盖广的农业供应链金融框架

传统的农业银行、农商银行和邮政银行等涉农金融机构，由于利益最大化导向，对于周期长、见效慢、风险大的农业重视不足，在降本避险的导向下，不愿意主动支持农业产业发展，满足农户和农企贷款需求，往往在农村布局少，贷款门槛高，服务意识弱，更多的是看重农户和农企为数不多的存款数额，吸纳储蓄存款投入其他非农产业。农业供应链金融采取供应链中的核心农企或合作社作为枢纽，为中小微型农企的应收账款、库存质押和预付账款"背书"，从而获取"失而复得"的金融组织贷款。能够优化农业供应链金融的信息、物品、资金和商贸流通，大幅压缩金融机

构的现金周期，农业供应链金融中的诸多利益方能够获取低成本融资，实现自身农业高收益发展，并且覆盖到过去偏于、落后地区的农业地区和脆弱、贫瘠的农户和农企，突破了狭义的农业供应链金融服务，建构起成本低、覆盖广、持续长的农业供应链金融框架。

（三）进一步探索农业供应链金融推动乡村农业振兴的途径

截至 2019 年末，我国乡村常住人口 5.5162 亿，占全国总人口的 39.4%，种粮面积 11606 万公顷，同比减少近百万公顷[①]。农业仍是我国的薄弱产业，农民依旧是收入较低的群体。发展农业供应链金融，党和国家制定了《乡村振兴指导意见》，号召金融机构服务农业供应链金融的重点领域，如"百千万工程""强农六大行动"，满足农业供应链现代化融资需求等方面，融合农业链和价值链，金融支农惠农力度显著加强。并且，根据农业供应链金融"一链一对策"提供个性化的金融服务手段，广泛吸纳预付账款、应收账款、存货融资等各类农业金融产品，打造"订单、期货、保险、贷款农业"农业供应链金融服务方式，倡导"银行、电商、龙头农企、农业合作社"等农业供应链金融模式，大力创新农业供应链金融产品服务，推动多元化的农业供应链金融产品供给。通过大力发展农业供应链金融，为乡村振兴提供了强有力的金融血液，着力农业产业提档升级，实现弯道超越发展。

第二节 我国现行农业供应链金融风险治理的弊端

一、农业供应链金融效力存在"缺位"

当前，我国农业供应链金融存在"缺位"，难以保障农户和中小微型

---

① 中华人民共和国 2019 年国民经济和社会发展统计公报［N］．国家统计局，2020-02-28。http://www.stats.gov.cn/tjsj/zxfb/202002/t20200228_ 1728913.html.

农企融资需求。

(一) 在农村金融供给方面，面临供不应求问题

我国"三农"金融缺口超过 3 万亿元，2019 绿色金融资金总需求为 2.1 万亿元，缺口达近万亿元，巨大的金融供需矛盾制约了乡村振兴。

(二) 农业供应链金融发展滞后

目前农业供应链金融发展滞后，在农业金融供给体系中的比重较低，不占主导甚至重要地位，相当一部分的农户及中小微型农企仍然依靠传统的单独向金融机构申请贷款，提供抵押证明、担保材料，面临烦琐而缓慢的审批流程，最终批复的贷款资金寥寥无几，难以解决亟须的扩大再生产融资需求。

(三) 农业供应链金融无法有效协同

虽然部分地区农业供应链金融发展迅速，但是难以有效整合农业供应链金融上中下游农企，实现农业供应链金融协同发展。目前，大部分核心农企和农业合作社仍然处于农业供应链金融探索阶段，创新了一部分供应链金融产品和服务，但是不成体系、金融产品分散、协同效应不显，无法有效整合农业供应链金融基金、保险等农业供应链金融工具，难以产生农业供应链金融的规模效益，增加了金融产品和服务的融资成本。

二、农业供应链金融的核心主导不强

我国农企和农户面临的融资难且贵问题，主要原因包括以下几个方面。

(一) 大部分农户和农企实力弱小

农业产业基础薄弱，导致众多农户和农企分散经营，规模小、实力弱，以及现代农企管理理念淡薄，存在不规范难健全的管理制度和财务机制，相对工业服务业创造力不强、专业技能不高，农业市场竞争力不强，在风险意识管控和内部控制方面乏力，容易受到外界经济、政治和自然因素的干扰和冲击，经常遭受自然灾害，较易诱发农业系统性风险，金融机构往往避而远之。

（二）尚未构建农业供应链金融信用体系

当前，农业供应链金融信用制度不健全，许多农户和农企产品同质，无核心竞争力，竞争恶性，相互倾轧，致使农业利润率低，分散经营规模小，财务管理不透明，农业供应链金融信用意识不足，信用制度匮乏，农户和中小微型农企整体信用等级低，无法获得较高的金融机构贷款评级。

（三）农业抵押担保难

金融机构放贷的重要前提是有足够的抵押物。然而，大部分农企和农户从事农产品生产和加工，缺乏足够的固定资产，农业专用设备难以担保，土地所有权在村集体，担保公司因为农业供应链金融风险大不愿担保，导致农企和农户贷款申请成功率较低。

（四）农企和农户难以获得资本融资

相对于工业服务业受到资本青睐，中小微型农企及农户很难获得股权投资，缺少资本运作和人财物资源和技术支持，难以有效对接资本市场。同时，中小微型农企及农户发展趋势不明显，财务难透明，抵抗风险不足，上市融资困难重重，较难获得天使投资支持，股权退出渠道受阻。

（五）缺乏实力强劲的核心农企

农业供应链金融缺乏实力强劲的核心农企或者农业合作社主导，并且有足够的责任心为上中下游农企和农户"背书"，将整个农业供应链金融闭合起来，将对中小微型农业和农户融资小额、短期、分散的风险，从而将收益低、风险高、分散化的中小微型农企和农户与核心农企和合作社形成利益共同体，扭转"一对一授信"的传统模式，缓解信贷方信息失衡问题。这些问题中，实力强劲和有责任心的核心农企或者农业合作社是构建农业供应链金融的关键。

三、农业供应链金融业务操作不科学

农业供应链金融是一个庞大而复杂的系统，我国地大物博、幅员辽阔，农业产品多、自然变化大，农业供应链金融千差万别，在金融业务操作方面复杂程度较高，容易加剧农业供应链金融风险。

(一) 农业供应链金融主体多

虽然农业供应链金融通过预付账款、应收账款、存货融资等各类农业金融产品，一定程度上降低了中小微型农企和农户融资难且贵问题，但是农业供应链金融主体众多，形成了"银行、电商、龙头农企、农业合作社"等多种农业供应链金融模式，操作手段多样、程序复杂，不同核心主体主导的农业供应链金融操作不一致，无法根据不同的"银行、电商、龙头农企、农业合作社"主体提供"一对一订单式"农业供应链金融操作手册，及时降低农业供应链金融风险。

(二) 农业供应链金融产品广

当前，我国农业供应链金融产品和服务众多，包括"订单、期货、保险、贷款农业"农业供应链金融服务方式，倡导多元化、组合式农业供应链金融产品创新。但是订单+贷款的农业组合尚不成熟，引入保险、理财等产品增加了农业供应链金融产品的管理难度，难以有效操控农业供应链金融服务。

(三) 农业供应链金融操作风险大

由于涉农产品众多、企业各异，包括核心农企、合作农业合作社、物流农业企业、中小微型农企及农户、批发农业零售商、银行等，虽然由于农业供应链金融大幅降低了信息失衡，但仍存在信息失真、滞后，任何一个环节、一方主体的农业供应链金融决策不科学，将会导致"蝴蝶效应"，引发整个农业供应链金融的合同履约和系统性风险。

四、系统性农业供应链金融风险预警

我国经济由2010年前的高速增长进入目前中高速发展阶段，容易加大农业供应链金融风险。特别是2020年农业产品需求不旺，外部市场不振，农业投资不强，我国农业供应链也遭受波及，出口导向型农业受损严重，一批中小微型农企和农户效益降低、风险增大。由于中小微型农企和农户贷款频率高、项目资金少、在农业供应链金融中缺乏反担保，预付账款、应收账款、存货融资等各类农业金融产品融资难。在核心农企和农业合作社担保不足、存货质押难等约束下,分散化、金额小的农产品融资合同,加大了农业供应链金融风险管控难度。一方面,农企实力弱、规模小、管理不科学、财务不透明、信用意识弱、造成农业供应链金融中小微型农业和农户信用度低,容易滋生农业供应链金融风险信用风险。另一方面,受制于农产品市场价格不确定、自然风险大、涉农运营成本高,标的农产品价值低于贷款额度,增加了融资农企或农户的"赖账"市场风险。因此,在农业供应链金融现实运行中,中小微型农企跑路、爆仓事件,容易触发系统性农业供应链金融风险,给农业供应链金融风险治理带来了严重的负面影响。

五、农业供应链金融风险管控碎片化

由于有众多、个性、分散的中小微型农企及农户,农业供应链金融表现为典型的"长尾"效应,加上农产品种类多、样式繁、质量各异,亟须提供定制化的农业供应链金融服务。同时,由于农产品收益低、风险大,定制化的农业供应链金融效益不高,只能采取碎片化的风险管理机制,催生了农业供应链金融风险发生率,在产品、生态、服务等方面受限。

(一)非标准化农产品无法有效设计农业供应链金融

由于农产品材质不同,对温度、气候的弹性大,种植技术差异广,运输仓储等控制难,无法提供标准化的农产品,因此,难以运用期货、融通仓等融资,农产品的保质期短,难以通过库存形态存储,回购货物和货权融资可行性不高。

(二)农业供应链金融的电商融通滞后

2018年全国网上零售总额为90065亿元,其中农产品网络零售额为2305亿元,占比仅为2.56%[①]。2019年全国农村网商突破1300万家,农产品网络零售额3975亿元,农村地区收投快递超过150亿件,占全国快递业

---

① 荀延杰.产业互联网视角下农业供应链金融模式创新研究[J].四川轻化工大学学报(社会科学版),2020(4):33-52.

务总量的20%以上①。但是，农业供应链金融电商仍然发展不足，大批偏远落后的农村地区缺乏农业供应链金融支持，供应链金融服务机构少、种类缺、渠道稀，主要以农行、农商行等为主，小贷公司、保理企业、电商等进入农业供应链金融的比例很低。目前农业供应链金融的商业生态单一，加剧了农业供应链金融风险。

（三）农业信息化程度

在农村，电脑等信息化设备尚未普及使用，难以有效衔接农业供应链金融。目前开展的农业供应链金融局限于纸质版资料提交，有关线上的电子资料、尽职调查、审批等现代化流程效率低。而且，农村互联网普及度不高，农企的现代化投入不足，信息化水准不强，导致农业供应链金融的信息监管程度差，阻碍了农业供应链金融风险的有效治理。同时，无论是纵向农业供应链链条，还是横向农业供应链金融主体均较多，风险隐患大，自动化、数据化的农业供应链金融服务不足。在农业供应链金融的批前、批中和批后信息化服务方面缺乏有效的监管，碎片化的风险治理弊端丛生。

第三节　我国现行农业供应链金融风险治理弊端的效应分析

农业供应链金融风险弊端较多，造成农业供应链金融风险治理的效力缺失，难以可持续推进农业供应链金融治理，产生了负向的经济效应和恶性的社会效应。

一、经济效应分析

（一）农业供应链金融"缺位"导致农户和中小微型农企融资难且贵

长期以来，农户和中小微型农企面临融资难且贵瓶颈，束缚了农业的

---

① 2019年全国农产品网络零售额达3975亿元［N］.经济日报，2020年03月28日第二版.

发展活力，阻碍了农业主体健康有序成长。农业供应链金融通过核心农企和合作社的信用"背书"，以往难以做到的预付账款、应收账款、存货融资等各类农业金融产品获得金融机构的融资贷款，并且提供相对于传统贷款更低的利率，能有效缓解农户和中小微型农企融资问题。然而，当前我国农业供应链金融发展缓慢，不占农业金融的主体地位，无法有效缓解农户和中小微型农企的融资需求，亿万农户和中小微型农企金融"营养"不足，发展速度不快，可持续增长不强，其主要原因是金融支农惠农尚未发挥有效作用，农业发展滞后、农民收入较低、农村治理不强由此加剧。

(二) 城乡供应链金融失衡放大了城乡二元的经济"剪刀差距"

长期以来我国存在城乡二元经济结构，农村收入低，产业基础薄、金融支持弱，导致农村落后于城市、农业滞后于农业、农民收入远低于城市居民。金融是工业的血液，经济的"皇冠"，能够发挥输血、造血功用。农业供应链金融能够缩小城乡二元的经济"剪刀差距"。然而，相对于工业服务业供应链金融的高歌猛进，农业供应链金融却裹足不前、动力不足，无法有效满足农户和中小微型农企的金融需求。由此，农业供应链金融无法成为农户和中小微型农企缓解融资困境的加速器。城市产业链在一路小跑的进程中，农业仍徘徊不前，将会错失缩小城乡二元的经济"剪刀差距"的难得机遇，进一步扩大城乡金融和经济"鸿沟"。

二、社会效应分析

(一) 农业供应链金融风险阻碍了乡村有效治理

乡村振兴提出"治理有效"的远景目标。然而，"知礼节受益于仓廪实，知荣辱得益于衣食足"。金融是农业发展的血液，缺少前沿的农业供应链金融有效支撑，农业发展活力不足，产业不旺，农村经济将萎靡不振，农村居民收入将难以蒸蒸日上。乡村治理受制于经济基础，面对贫瘠的农业金融和农业供应链，农村的基础设施将难以有效维系，教育发展不足，村民文化素养提升不大，将会妨碍农村基层治理。同时，由于农业信用体系尚不健全，农产品质量差异大，生命周期长、风险波动大，农业供应链金融的风险明显高于其他产业，稍有不慎可能会导致大批中小微型农企资不抵债，本不富裕的农村居民失业甚至破产，也会进一步加剧农业供应链金融风险管理和乡村治理。

(二) 农业供应链金融不足削弱了"三农"可持续发展

五千年来，农业支撑着商业发展，农村供给着城市必需的生活资料和生产所需。农民补充着城镇源源不断的劳动力供给和新鲜血液维系。没有"三农"的可持续，便不会有城市的繁荣、工业的辉煌和城镇居民的高性价比生活。而要实现"三农"可持续，离不开农业金融的自循环和源源不断的输血、造血，特别是需要农业供应链金融提供低息贷款、高息存款、闭合金融回路的风险防控措施，能够有效降低农业金融风险系数，支撑农业兴盛、农民富裕、农村美丽。然而，当前，我国农业供应链金融尚未有效发挥作用，在农业金融中所占比例偏低，发展不快，无法有效满足中小微型农企和农户的融资需求，为多样化、周期长的农产品提供保险保障，在面临自然灾害和外界波动时，农业仍是风险脆弱性产业，农民仍是经济弱势群体，农村依旧是难以留住"乡愁"的遥远地方。农业供应链金融不强，无法为"三农"可持续提供强劲动力，也会制约城市的良好发展态势。

第五章　农业供应链金融动态风险治理案例研究

案例研究是典型的经验主义探究，主要用于剖析现实生活中的本质性、验证性问题。以交易成本理论、生命周期理论、供应链管理理论、动态风险防控理论、现代治理理论、机制变迁理论作指导，研究乡村振兴战略下农业供应链动态金融风险治理案例，结合扎根理论和 Eisenhardt 案例理论抽样方法，在运用研究方法、案例描述与分析、研究结论等案例研究基本步骤的基础上，构建了农业供应链金融动态风险的治理框架，从风险识别、评估、管控和绩效等方面，剖析了农业供应链金融动态风险治理的运行机制，以象屿集团有限公司、新希望集团有限公司、德佳康牧肉鸡农业合作社三家典型的农业行业排名前列的农企和合作社为例，开展农业供应链金融动态风险治理的典型案例比较，并借鉴国外农业供应链金融动态风险治理的案例经验，探讨对我国农业供应链金融风险治理的启示。

第一节　国内农业供应链金融动态风险治理案例的研究方法

以供应链管理理论、动态风险防控理论、现代治理理论等作指导，构建农业供应链金融动态风险治理的理论框架。运用案例研究中经典的扎根方法与案例理论抽样方法相结合，能够科学指导农业供应链金融动态风险治理案例研究。

一、理论框架构建

（一）农业供应链金融动态风险治理案例的理论运用

主要介绍供应链管理理论、动态风险防控理论、现代治理理论等理论在农业供应链金融动态风险治理中的应用。农业供应链金融本是供应链管理的一部分，这里不再赘述。

1. 动态风险防控理论应用于农业供应链金融动态风险治理

动态风险管控理论主要包括：一是目标是损前和损后的结合。风险发生前追求经济、安全和合法性目标，防患于未然，风险发生后维持生存、经营可持续、稳定收益和社会责任方面。二是动态风险管控包括识别（风险判断和归类）、估测（风险估计和预测）、评价管控（风险条件控制和财务安排）和绩效（风险结果效益评价）四个步骤。三是风险管控的四大职能。做好动态风险的计划、组织、指导和管制。制订风险管控方案、组织人财物资源实施，做好分析的检查评价。四是风险具有生命周期，动态演化，根据内外市场环境和客户需求变化，必须及时快速响应，管控市场风险、伙伴选择、资源集成、流程重组等因素。

在农业供应链金融动态风险方面，动态风险管控理论认为：一要构建农业供应链金融动态风险的治理框架，从风险识别、评估、管控和绩效等方面，剖析农业供应链金融动态风险治理的运行机制，优化风险判断和归类、风险估计和预测、风险条件控制和财务安排及效益评价。二要运用生命周期的观点治理农业供应链金融动态风险。将农业供应链金融作为一个生命组织，包括萌芽、成长、成熟、衰退和消亡五个阶段，各个阶段开始动态风险管控，积极响应农业供应链金融内外市场环境和客户需求变化，管控农业市场风险、选择合适伙伴、集成金融资源、重组物品、资金、信息和商业四大流的流程等因素。三要科学选择农业供应链金融动态风险目标，包括金融风险发生前追求经济、安全和合法性目标，金融风险发生后维持生存、经营可持续、稳定收益和社会责任。四要履行好农业供应链金融风险管控的四大职能。做好农业供应链金融动态风险的计划、组织、指导和管制。制订农业供应链金融风险管控方案、组织农业供应链金融人财物资源实施,做好农业供应链金融风险治后的检查与评价。农业供应链金融动态风险防控应用如表5-1。

表 5-1　　　　　　农业供应链金融动态风险防控应用

维度	定义	解释	农业供应链金融应用
目标	损前目标和损后目标的结合	风险发生前追求经济、安全和合法性目标,防患于未然,风险发生后维持生存、经营可持续、稳定收益和社会责任方面	科学选择追求经济、安全和合法性及维持生存、经营可持续、稳定收益和社会责任
流程	识别、评价、管控和绩效	风险判断和归类、风险估计和预测、风险条件控制和财务安排、风险结果效益评价	剖析动态风险治理的运行机制,判断归类、估计预测、条件控制及结果效益评价
职能	计划、组织、指导和管制	制订风险管控方案、组织人财物资源实施,指导实施,做好检查评价	履行好农业供应链金融风险管控的四大职能
周期	生命周期,动态演化	时刻响应内外市场环境和客户需求变化,及时快速响应,管控市场风险、伙伴选择、资源集成、流程重组等因素	萌芽、成长、成熟、衰退和消亡五个阶段动态风险管控

资料来源:本书根据相关资料整理。

2. 现代治理理论应用于农业供应链金融动态风险治理

"治理"是符合大众利益,得到公众承认,相互调和利益,实现共治共管的过程及其规则制度。现代治理理论的主要创始人 James N. Rosenau 认为,治理不同于官方控制的统治,而是主体多元、共同协商,目的是实现公民利益的动态过程。其特点包括:一是在主体方面,治理的主体更广,不仅包括管理的主体国家机关,还包括社会组织、企业主体和公民个人。二是在方式方面,不同于管理对公共事务的强制手段,治理运作形式多元化,包括契约、协商、共享等手段。三是在向度方面,不同于管理自上而下的权力运行，治理的运行方式多样化，主要采取自下而上和左右开展的横向运行维度。四是在效力方面，管理多来自权威部门，公众多是迫于压力而非内心信服，有效性大打折扣；治理从公众利益出发，获得民众认同，能够广泛应用于经济、政治、社会等领域，效力更强。

在农业供应链金融风险的应用方面，现代治理理论要求：一要多元主体治理农业供应链金融风险，吸纳国家机关、金融机构、社会组织、农业企业主体和农户个人，共同编织农业供应链金融风险治理网络。二要多样手段治理农业供应链金融风险，摒弃传统的强制手段，治理农业供应链金融风险的手段多样化，如契约、协商、共享等手段。三要扁平向度治理农业供应链金融风险，农业供应链金融风险治理的运行多维度，既有自下而上、自上而下的纵向运行，也有左右开弓的横向运行，以扁平化方式取代过去的层级节制。四要利益认同提升农业供应链金融风险治理效力。农业供应链金融风险治理摒弃以往的权威统治、管控和压力，从农业供应链金融的公众利益出发，获得金融机构、社会组织、农业企业主体和农户个人等的公众认同，吸引多元力量参与农业供应链金融风险治理，提升治理风险效力，这里探讨农业供应链金融风险治理的理论特点及其应用（见表5-2）。

表 5-2　　　　农业供应链金融风险治理理论特点及其应用

维度	管理	治理	农业供应链金融应用
宗旨	符合管理者利益，得到上级正式确认，通过权威命令	符合大众利益，得到公众承认，相互调和利益，实现共治共管	符合供应链利益，公认、协调、共治共管
主体	国家机关	国家机关，社会组织、企业主体和公民个人等	所有正式和非正式的主体
方式	公共事务的强制手段	形式多元化，包括契约、协商、共享等手段	多元方式，偏重于柔和柔性手段

续表

维度	管理	治理	农业供应链金融应用
向度	自上而下的权力运行	方式多样化,自下而上和左右横向及自上而下	吸纳自下而上和横向运行等向度
效力	权威统治,迫于压力而非内心信服,有效性大打折扣	非权威的公众利益,使人内心信服获得民众认同,效力更强	应用更广,专家、人格等魅力,内心认可有效

资料来源:本书根据相关资料整理。

(二)农业供应链金融动态风险治理案例的框架设计

结合供应链管理理论、动态风险防控理论、现代治理理论等理论,构建农业供应链金融动态风险的治理框架。

一是宗旨方面。农业供应链金融动态风险治理要符合农业供应链主体的整体利益,相互调和利益,实现共治共管、共享治理成果,而不是仅仅符合核心农企或农业合作社的利益或者金融机构利益。

二是主体方面。农业供应链金融动态风险治理要充分调动国家机关、社会组织、核心农企或农业合作社、贷款农企、金融机构、物流商等所有正式和非正式农业供应链主体的积极性,主动参与农业供应链金融动态风险治理。

三是目标方面。农业供应链金融动态风险治理要科学选择目标,包括金融风险发生前追求经济、安全和合法性目标,金融风险发生后维持生存、经营可持续、稳定收益和社会责任。

四是方式方面。农业供应链金融动态风险治理要采取契约、协商、共享等多元手段和方式,偏重于柔和柔性手段,而非传统的强制性方式。

五是程序方面。农业供应链金融动态风险治理要构建农业供应链金融动态风险的治理框架,从风险识别、评估、管控和绩效等方面,剖析农业供应链金融动态风险治理的运行机制,优化风险判断和归类、风险估计和预测、风险条件控制和财务安排及结果效益评价。

六是职能方面。农业供应链金融动态风险治理要履行好农业供应链金融风险管控的计划、组织、指导和管制四大职能。制订农业供应链金融风险管控方案、组织农业供应链金融人财物资源实施,指导实施农业供应链金融风险举措,做好农业供应链金融风险治后的检查与评价。

七是向度方面。农业供应链金融动态风险治理要采取自下而上、左右横向及自上而下多元方式相结合,以吸纳自下而上和横向运行等向度为主。

八是周期方面。要将农业供应链金融作为一个生命组织,包括萌芽、成长、成熟、衰退和消亡五个阶段,各个阶段开始动态风险管控,积极响应农业供应链金融内外市场环境和客户需求变化,管控农业市场风险、选择合适伙伴、集成金融资源、重组物品、资金、信息和商业四大流的流程等因素。

九是效力方面。农业供应链金融动态风险治理要采取非权威方式,满足农业供应链金融的公众利益,使供应链各主体由衷地信服和认同,效力更强,应用于经济、政治、产业等更广领域。

二、案例方法选择

案例法是社会学主要的五大类研究方法之一,根据对象的类型、调查者的掌控能力和现象的时段性[1],鉴于调查对象类型范围确定、掌控能力有限及时间敏感性强,本书将采用案例法分析农业供应链金融风险治理。

在案例研究中,现象与背景往往界限不明,因此多用案例证据验证理论[2]。案例研究的目标是为了构建现实联系理论的关系,以及运用大样本和数据验证案例中归纳出的理论和方法。由于实证研究借鉴现有的理论,列出假设,之后运用数据验证假设。与之不同,案例研究尚未有可资借鉴的现有理论,往往是从典型案例中归纳出理论来。

---

[1] Yin, R. K. Applications of case study research (2nd ed). 2003, CA: Sage.
[2] YIN R K. Case Study Research: Design and Methods [M]. Newbury Park, CA: Sage Publications, 1984.

当前,农业供应链金融风险治理案例的理论研究较少,学科发展处于初步阶段,需要归纳概念模型及理论框架,而且风险治理具有动态性及复杂性特点,定量研究难以独自完成。通过案例研究,将研究者丰富的实际经验和沟通能力有效发挥出来,能够获取丰富的农业供应链金融风险治理信息。因此,案例研究是契合农业供应链金融风险治理的有效研究方法。本书以 Eisenhardt(1989)提出的案例理论抽样方法作为基础方法,将案例方法作为理论的发展而非实证的理论检验,其关键点是找到合适和能够扩展的案例。Eisenhardt 强调相同条件下的多案例比较研究,能够牢固、精确、普遍地发展研究的理论问题,多案例不能少于3个。

同时,扎根理论是 Anselm Glaser 和 Anselm Strauss 提出的一种深入调查案例背景、资料搜集、现象描述,从而归纳概念框架与理论架构的一种质性研究方法[1]。它是自下而上构建理论,根基稳固,步骤扎实,因此称为"扎根"。因此,扎根理论与 Eisenhardt(1989)的案例理论抽样研究方法较为一致。

根据扎根理论和案例理论抽样研究方法,案例研究一般涵盖方法选择、案例选择、资料搜集、案例描述、案例分析、结论等步骤[2]。其中,资料搜集一般包括访谈、观察和文档分析等方法。案例分析中的数据分析多采用数据提炼、展示和推导方法。在结论部分,一般是将案例结论与当前文献比较,找出产生差异的原因,提炼出新的理论和范式,或者延伸现有理论的范围、框架,并验证理论的有效性[3]。

三、案例对象选择

按照扎根理论和 Eisenhardt 案例理论抽样研究方法的选取标准,主要从三个方面选择案例对象:一是相关性。案例要符合本书的研究对象,所

---

[1] 田霖. 扎根理论评述及其实际应用[J]. 经济导刊研究, 2012(10): 224-231.
[2] Eisenhardt, K. 1989. Building theories from case study research. Academy of Management Review, 14: 532-550.
[3] Mile N, A Huberman. Qualiative Data analysis: A Sourcebook for New Methods, 2nd edition [M]. London Sage, 1994.

选案例全部是农业供应链金融的核心农企或合作社，拥有丰富的农业供应链金融背景和风险治理实践，采取现代企业化或合作社化经营管理方式，全部开业运营10年以上。例如，象屿集团有限公司1995年成立，新希望集团有限公司1982年成立，德佳康牧肉鸡农业合作社2009年成立。二是理论样本。参照农业核心农企（合作社）在国内的运营地位、农产品的优势、盈利能力、偿债能力、信用级别，所选案例在农业供应链金融的业内分属，象屿集团有限公司处于成熟阶段，是老牌地方性国企，位列2020年农业系统全国500强第一名；新希望集团有限公司处于成熟阶段，是大型全国性民企，位列2020年农业系统500强前列；德佳康牧肉鸡农业合作社处于成长阶段，是地方龙头农业合作社，位列2020年农民合作社500强第一名，它们代表了当前我国农业供应链金融运营的三种主要类别。三是三家农企或合作社从风险治理生命周期上看，分别经历了创立期、成长期，正处于成长期或成熟期，其中，德佳康牧肉鸡农业合作社为成长期，象屿集团有限公司和新希望集团有限公司为成熟期，案例选择有利于进行横向比较。四是采访对象了解农业供应链金融风险治理真实情况。采访对象都是农企的高层或风控、财务、信贷等部门管理人员，德佳康牧肉鸡农业合作社的采访对象是理事长及核心社员（见表5-3）。

表 5-3　　　　农业供应链金融核心的案例基本情况

企业	成立时间	发展阶段	行业类别	受访者职务	备注
1	1995年	成熟阶段	老牌地方性国企	风控、财务、信贷等部门人员	2020年农业系统500强第一名
2	1982年	成熟阶段	大型全国性民企	风控、财务、信贷等部门人员	2020年农业系统500强前列
3	2009年	成长阶段	地方龙头农业合作社	理事长、干事长及核心社员	2020年农民合作社500强第一名

资料来源：本课题整理。

四、案例资料搜集

为了深入了解农业供应链金融动态风险治理的案例情况，我们成立了三个调查组，深入三家农企或合作社进行现场访谈、实地观察和资料文档分析。

（一）成立案例调查组

以参观考察调研的目的，召集15名业务人员，成立三个调查组，每组五人，设组长一名。首先由农业供应链金融风险管理人员和相关风险管控的高校教师，对调查组人员进行系统的培训，围绕本书研究主题（农业供应链金融风险治理外因、内因和内外联动等因子）、现场访谈技巧、资料收集重点、农业供应链选择标准等方面进行了系统讲解。通过情景扮演、现场模拟等方式，让调查组成员学习和领会培训的知识和技能，并进行试卷测试，考核合格后方能进入调查工作程序。之后是针对2家企业和1家农业合作社的实地情况进行初步核实，标准主要包括运行状态、生命阶段、风险次数、破坏力、处置能力等。通过详细周密的准备工作，以保证参与调查的工作人员能够做到深入细致的分工协作。

（二）制订访谈计划

结合所访谈的对象制订具体的访谈计划，针对农企和合作社的共同点和差异特征，从核心农企（合作社）在国内农业供应链中的运营地位、产品优势、盈利能力、偿债能力和农业供应链金融中的信用级别等方面，制定详细的访谈提纲，便于后期的资料汇总及整理。

（三）广泛搜集资料

三个调查组分别奔赴厦门、成都和日照实地调研，深入访谈，查看文档资料。重点访谈农企或合作社中承担农业供应链金融风险管控决策职责的中高层管理团队，这些中高层管理人员在该农企和合作社工作三年以上，充分了解农企和合作社农业供应链金融风险治理的组织发展和绩效状况。同时，利用互联网信息搜集与农业供应链金融风险治理相关的宣传、新闻、信息等资料。

(四)资料汇总整理

三个调查组将收集的 75 份调查表分门别类进行汇总,按照农业供应链金融风险治理的要求统计整理,利用 SPSS25.0 软件开展描述性统计和样本分析,试图找出农企或合作社的农业供应链金融风险治理发展范式,提炼出有价值的风险治理理论和可复制模型。

第二节 国内农业供应链金融动态风险治理的案例描述与分析

下面我们从技术运用、案例描述和案例分析三个方面,分析象屿集团有限公司、新希望集团有限公司、德佳康牧肉鸡农业合作社 3 家案例。

一、农业供应链金融动态风险治理案例的技术运用

按照构建的农业供应链金融动态风险的治理框架,本书将从风险识别、评估、管控和绩效等方面探讨农业供应链金融动态风险治理的运行机制。

(一)农业供应链金融动态风险识别分析

1. 研究方法。风险识别是农业供应链金融动态风险治理的第一步和前提条件,也是最关键的一步。在广泛而深入的前期信息收集的基础上,用农业供应链金融动态风险治理的主体来辨识风险的类型、引发风险的因素以及严重程度。一般采用专家调查(头脑风暴、德尔菲法)、财务报表、流程图、初始清单、经验和风险调查等方法。

2. 应用分析。农业供应链金融将中小微农企和农户所需的资金注入上中下游实体,以核心农企或农业合作社为信用担保,在农业供应链购销行为中融入信用,提升中小微农企和农户的商业信用,构建其与核心农企或农业合作社的战略稳定关系,提升农业供应链金融核心竞争力。

损失可能即为"风险"。由于农业供应链金融牵涉客户广、链条长、范围散、实力弱,对信用风险、流动风险、资金安全造成巨大掣肘。中小

微农企和农户的融资信息收集整理相对较难，具有软化信息的特征。另外，农产品具有明显的生命周期，表现为发散型蛛网波动，需要运用支持价格或限制价格调节经济行为。同时，农产品交易成本高、信息常失衡，无法获取供需双方的直接融资，只能采用农业供应链的金融融资方式，引入金融机构，有效减少交易成本及信息失衡。

通过前期农业供应链金融信息收集，采用专家调查（头脑风暴、德尔菲法），财务报表、流程图，初始清单、经验和风险调查等方法，需要识别农业供应链金融中的政策风险、农业风险、道德风险、整体风险和系统性风险（区域性或行业性）。

一是在政策风险方面，是指农业政策的变化，影响整个农业供应链，容易爆发集中风险。

二是在农业风险方面，指农业受宏观经济环境、农业竞争结构与关联行业的影响。如"米贱伤农""多收三五斗"等产能过剩行业，其议价能力低，经营利润薄，出现企业倒闭引发的坏账。

三是在道德风险方面，农业供应链金融体系中，中小微农企和农户实力弱，抗压能力差，由于外界因素制约和信息失衡，容易产生"蝴蝶效应"，大面积违约。或者在领头羊带头违约影响下，其他中小微农企和农户盲目跟随违约，产生"羊群效应"。

四是在整体风险方面，农业供应链金融利用核心农企或者农业合作社作为担保，为中小微农企和农户"背书"，确保良种、储运、加工、原料、分销等全程畅通，构成一个紧密联系的农业供应链金融系统。这时偶发性事件就会导致道德风险，进而破坏整体农业供应链金融体系的运行，造成破坏力更大的整体风险，在集聚初期难以有效识别。

五是在区域性或行业性系统性风险方面，单独农业供应链金融中的金融机构无法采取组合策略分散甚至降低风险，具有高度传染性、破坏性和紧急突发性，传递为行业性和区域性系统金融风险，亟待有的放矢明晰农业供应链金融产品，运用系统性风险治理原理加以处置。

(二) 农业供应链金融动态风险评估分析

1. 基本方法。在广泛收集农业供应链金融信息、准确识别各类农业供应链金融风险后，明晰不同农业供应链金融风险的种类和定性，进入农业供应链金融风险治理的评估环节。即对风险事件发生的可能性和后果进行量化，确定各风险事件发生的概率及影响的严重程度。一般采用相对比较法、概率分步法、LEC 评价或者 LEC 评价改进等方法。

2. 应用分析。有关农业供应链金融动态风险评估的原则很多，结合供应链管理理论、动态风险管理理论和系统理论，可以选取以下原则。

一是适度风险评估原则，评估风险治理态度。农业供应链金融动态风险治理不能彻底消除一切危险系数或者危险源，只能尽力减少系统危险源，掌控危险系数。农业供应链金融动态系统性风险是客观存在的，不可能一劳永逸解决，因此，要把握动态风险防范和控制的原则。

二是实时风险评估原则，评估供应链全程性。根据动态风险管理理论，农业供应链金融动态风险伴随着投资项目立项、建设、竣工、验收等全过程。每一个细微的流程都可能由于内外因素导致风险爆发，因此，需要实时监控、防范风险。

三是适当风险评估原则，评估供应链契合度。适当风险评估是指投资机构提供金融或服务时，与项目的投资目标、财务现状、风险承受能力、知识经验等的契合度。具体到农业供应链金融动态风险治理项目，是指投资者对项目和市场在合理调查之后，推荐符合农业供应链金融投资目的和需求的项目，从而防范农业供应链系统性风险。

适度、实时、适当风险评估原则伴随农业供应链金融动态风险治理全过程，具有弹性、系统、动态的特点。

(三) 农业供应链金融动态风险管控分析

1. 研究方法。经过农业供应链金融动态风险治理的识别和评估后，进入农业供应链金融动态风险治理核心的管控环节，即风险的损失控制。也就是说，通过事前对风险进行识别、分析和预控，从而降低风险发生的可能性。风险发生后受到的损失程度分析，一般采用风险回避、风险分散、风险转移、风险控制、风险自留等方法。

2. 应用分析。农业供应链金融动态风险治理的控制一般包括四种方式：风险回避方式、风险控制方式、风险转移方式和风险保留方式。风险回避方式是指农业供应链金融投资主体方面特意或有意识地放弃风险行为，采用回避方式，完全避免特定风险；风险控制方式即损失控制，贯穿农业供应链金融风险管理全过程，认为事前控制能有效预防风险，包括事前、事中、事后的计划、措施减少损失或降低损失；风险转移方式是指通过合同和保险转移风险，大大降低农业供应链金融项目投资主体的风险程度，主要采用合同或契约的方式，将农业供应链金融投资人应承受的风险转移给受让人；风险保留方式是指若发生损失，农业供应链金融投资者用资金支付实施无计划自留和有计划自我保险，主要利用资金支付防控风险。

在上述四种农业供应链金融动态风险控制方式中，风险回避相对消极，风险转移是常规程序，主要用于投资项目事前控制。风险保留主要应用于事后的善后工作，也称为风险承担，指农业供应链金融投资者主动承担风险，利用内部资金等资源弥补损失。在农业供应链金融风险治理中，风险控制方式最为普遍和重要，它是通过内部控制和管理，降低损失的概率。风险控制可以作为农业供应链金融风险管理的核心，通过风险计划、组织、实施和控制，使风险控制成为风险管理的核心内容和有效工具。

（四）农业供应链金融动态风险绩效分析

1. 基本方法。经过农业供应链金融风险识别、评估和管控后，进入农业供应链金融风险治理的最后环节风险绩效分析，也是覆盖整个农业供应链金融流程的阶段。风险绩效分析也是风险监控、回顾和调整，是指农业供应链金融项目实施过程持续检查各项风险治理对策的执行情况，并评价其执行效果；在农业供应链金融项目实施的条件发生变化时判断是否需要调整风险对策方案，一般采用跟踪识别、检查和调整风险。风险绩效分析是贯穿风险全过程的监控管理。

2. 应用分析。农业供应链金融动态风险绩效评价不仅仅是解决融资难且贵问题，还包括推进农业供应链的线上与线下融合，改变传统的农产品线下交易状态,提高农业供应链运行效率。同时,农业供应链金融要构建农业供应链征信体系,科学评价中小微型农企和农户的信用实力,并减少核心农企和农业合作社、金融组织的信用风险,防控农业供应链金融风险。而且,农业供应链金融平台化是未来的发展趋势,平台整合农业供应链金融中中小微型农企和农户,以及核心农企和农业合作社等主体,构建网状的平台金融,联系更为紧密,风险治理能力更强。

在农业供应链金融风险监控方面,要利用农业供应链的优势,构建闭环管理回路和自偿收入,让农业供应链金融的资金、物品、商业、信息封闭运作,防控农业供应链金融系统性风险。一是管理农业供应链结构。科学设计农业供应链金融营运体系,明晰权责利,构建闭合化业务、自偿化收入。二是管理农业供应链流程。资金、物品、商业、信息流动方向、数量和速度明确,采用垂直化管理手段,相互协同,缓释风险,构建系统的风险控制体系。三是管理农业供应链要素。及时、准确捕捉农业供应链金融产品和数据信息,提升交易信息水平,完善声誉化的农业供应链金融征信体系。

二、农业供应链金融动态风险治理的典型案例描述

按照扎根理论和 Eisenhardt 的案例理论抽样研究方法,选取象屿集团有限公司、新希望集团有限公司、德佳康牧肉鸡农业合作社,进行深入的案例描述。

(一) 象屿集团农业供应链金融风险治理基本情况

作为老牌地方国企,象屿集团全称是象屿集团有限公司,成立于1995年,不仅是我国500强上市公司、2000强全球上市公司,还位列全国农业系统500强第一名、5A物流企业第二名。其主营业务包括批发谷物、豆及薯类,饲料,其他农牧产品,其他预包装和散装食品批发等。象屿集团是农业供应链金融的引领者,2019年员工5660人,营收2724.12亿元,同比增长16.41%;净利润11.06亿元,同比增长10.84%。其中采购分销农产

品营收 233 亿元，毛利率 3%；农产品物流 7.76 亿元，毛利率 61%。[①]

象屿集团是我国领先的农业供应链运营商，全国供应链创新与应用试点企业。它以"立足供应链，服务产业链"为宗旨，以"绿色供应链"为使命，整合"商贸、物品、资金、信息""四流一体"。沿着农业链向上中下游延伸供应链及其金融解决方案，包括供应链采购、物流、库存、金融、信息等农业供应链服务，构建了"农业全链条模式"。力争满足中小微型农企和农户的货源稳定、降本增效、风险治理、服务综合等核心诉求。

为加强风险管理，象屿集团在董事会下面专设了风险管理委员会，下辖风险中心和财务中心两大核心。其中，风险中心由法律事务部和审计部组成，专司风险管理职能；财务中心由财务部、会计部、资金部组成，负责资金管理。

（二）新希望集团农业供应链金融风险治理基本情况

新希望集团全称是新希望集团有限公司，是 1982 年成立的大型民企，长期位列中国企业 500 强前茅，主营现代农业与食品。公司 2019 年在全球 30 多个国家和地区拥有员工 10 万余人，资产规模超 2000 亿元人民币，年销售收入超 1600 亿元人民币。1995 年涉足农业金融投资，成为我国较早投资金融的民营企业。如 1996 年成立中国民生银行，2003 年成立民生人寿保险。2016 年成立中国第三家、中西部首家互联网新网银行，助力新金融。[②]

新希望集团经营范围涵盖农牧食品、化工资源、地产设施、金融投资 4 大产业集群，是集农业、工业、商贸、科技于一体的大型农牧民营集团，也是我国首批农业产业链重点龙头企业。在农业供应链方面，实现了从生产到生活、田园到餐桌的一体化链条。

在农业供应链金融方面，公司成立了国内首批农业供应链金融互联网平台。通过丰富的农业供应链银行、保险、担保等金融资源，打通农牧上中下游农业供应链资金渠道，为众多农村中小微农企及农户提供成本低、

---

① 2019 年厦门象屿股份公司年报.
② 参考新希望集团官网主页 http://www.newhopegroup.com/jtjj/index.html.

效率高、安全好的金融方案,并为相关投资者理财。① 另外,2009 年成立普惠农牧担保公司等 20 余家农村担保公司,为农村中小微农企及农户提供资金担保服务,创新养殖担保农村金融服务模式。公司提供担保贷款累计 300 余亿元,成为国有银行及商业银行在农业供应链金融的战略合作伙伴。

(三) 日照德佳康牧合作社农业供应链金融风险治理基本情况

2020 年 9 月《农民日报》评选了"2020 年农民合作社 500 强排行榜",采取新型农业经营主体评价体系,测算全国 26 个省市区营业收入超过 300 万元的 600 余家农民合作社。以最近三年的相关数据加权,在前 500 强中,来自山东省日照市东港区的德佳康牧肉鸡农业合作社位列第一,总得分 85.6113,远超第二名。②

德佳康牧肉鸡农业合作社于 2009 年成立,由 33 名农民联合发起,位于日照市东港区西安吉庄子村,主要供给鸡饲料、销售鸡和鸡蛋等技术、信息咨询。注册资本 2000 万元。农民养殖户占 91%,业务覆盖山东、江苏部分地区,效益好、管理佳,被评为"优秀示范合作社",在业内被誉为"德佳模式"。

三、农业供应链金融动态风险治理的典型案例分析

依据扎根理论和 Eisenhardt 的案例理论抽样研究方法,从风险治理举措、治理效果等方面开展案例分析。

(一) 象屿集团农业供应链金融风险治理案例分析

1. 风险治理举措。按照农业供应链金融动态风险的治理框架,从风险识别、评估、管控和绩效等方面探讨象屿集团农业供应链金融动态风险治理举措。

在风险识别方面,象屿集团和其他从事农业供应链金融的核心农企一样,也需要识别农业供应链金融中的政策风险、农业风险、道德风险、整

---

① 参考新希望集团官网金融业 http://www.newhopegroup.com/jry/index.html.
② 2020 农民合作社 500 强排行榜发布 [N]. 中国网,2020 年 9 月 27 日 http://agri.china.com.cn/2020-09/27/content_ 41311058.htm.

体风险和系统性风险（区域性和行业性）。由于其是行业龙头、上市国企、物流巨无霸，因此面临的农业风险、道德风险和整体风险较小，更多的是政策性风险和可能突发的全国性和多行业系统性风险。

在风险评估方面，象屿集团采用相对比较法、概率分步法、LEC 评价或者 LEC 评价改进等多元方法，将适度风险评估、实时风险评估、适当风险评估相结合，综合评估风险治理态度、供应链全程性和供应链契合度，遵循弹性、系统、动态的特点。

在风险管控方面，象屿集团成立了专门的供应链金融风险中心，凭借农业供应链及物流链中的领军地位，摒弃传统的中小微农企和农户的相对消极的风险回避措施，运用事前控制进行风险转移，即使产生风险也会采取风险保留做好风险善后工作。但是更主要的是采取内部控制和管理，降低损失的概率，提前做好风险计划、组织、实施和控制，最大限度控制政策性风险和系统性风险。象屿集团的农业供应链金融风险治理主要采取"一主两翼"方式，"主"由风控理念、金融产品、金融客户和金融结构四大板块构成。其中，集团将风控理念放在第一位，筑牢风险底线思维，强调对现金流的有效管理，秉持"现金为王"；在金融产品方面，往往选择流动好、变现强、订单大、管理易的大宗农产品作为投资对象，如黑龙江的粮食加工及粮仓建设；在金融客户方面，象屿集团一直以服务实体制造业为主，防止"脱实向虚"产生金融爆雷事件，致力于打造服务制造业而非贸易商的全物流方案；在金融机构方面，象屿集团一改传统农业供应链金融贪大求全、"要做就做最大"的观念，强调多维组合投资，向农业供应链两端延伸。"两翼"主要是发挥自身作为全国重要的物流商的作用，以及联合蚂蚁金服、京东数科开展区块链、大数据等数字化科技合作，从而增强农业供应链金融科技防范风险的能力（见图5-1）。

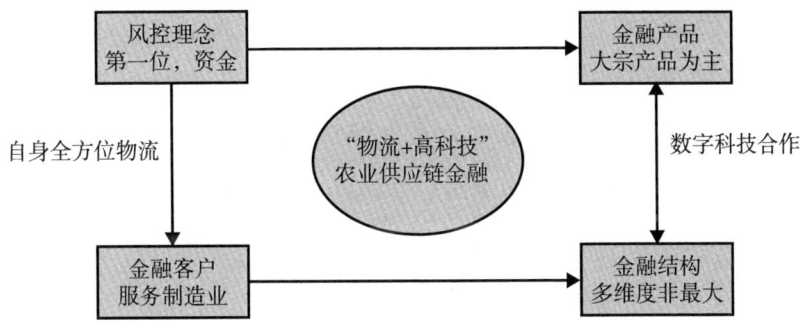

图 5-1 象屿集团"物流+高科技"农业供应链金融风险治理模式

在风险绩效方面,象屿集团致力于解决中小微型农企及农户的融资难且贵问题,大力推进农业供应链特别是物流的线上与线下融合,完善农业供应链征信体系,打造农业供应链金融平台化,做好农业供应链结构、农业供应链流程和农业供应链要素的监控。

2. 风险治理效果。目前象屿集团风险治理成效显著。一是在治理政策性风险方面,公司利用和中央及产粮大省的合作协议,立足于农产品产业链,建设大型收纳仓项目和标准仓项目。2020年1月通过粮食仓储设施项目获得政府补助资金和地方财政配套一次性补助资金近亿元。二是提升综合化种植服务、网络化仓储物流和多元化采购分销的粮食供应链平台。2020年初在黑龙江省签署新建千万吨粮食仓储和300万吨粮食深加工平台,实施打造全国最大的粮食全产业链经营龙头企业的战略目标。

(二) 新希望集团农业供应链金融风险治理案例分析

1. 风险治理举措。按照农业供应链金融动态风险的治理框架,从风险识别、评估、管控和绩效等方面探讨新希望农业供应链金融动态风险治理举措。

在风险识别方面,新希望作为农业供应链金融的"鼻祖",也需要识别农业供应链金融中的政策风险、农业风险、道德风险、整体风险和系统性风险。由于其是鸡、鸭、猪三条农牧产业链的龙头,年产饲料2000万吨、禽肉13亿只、生猪800万头,均为国内领先,也是上市民企、金融领军企业，因此面临的农业风险、道德风险和整体风险很小，更多的是政策性风险和突发、传染性的系统性风险。公司拥有自身闭合、自偿的农业供应链金融，特别是得到民生银行、民生保险、担保公司、华创证券、新网银行等新兴金融的大力支持，业务遍布全球30余个国家和地区，面临着更多的政策性风险和国际国内系统性风险。但是与象屿集团获得粮储支持不同，新希望获得的农业政策支持较少。

在风险评估方面，新希望大力推进金融科技和农业供应链金融相融合，采用互联网技术支撑，运用现代金融数据和管理技术评估方法，如云计算、物联网、人工智能等，将适度风险评估、实时风险评估、适当风险评估相结合，综合评估风险治理态度、供应链全程性和供应链契合度，构建第三方农业供应链金融平台。核心农企新希望集团与自身的商业银行、担保公司等联合，形成闭合回路，构建封闭的征信体系，实现信息均衡。

在风险管控方面，新希望成立了专门的农业供应链金融及风控部门，凭借自己的农牧行业供应链及金融中的领军地位，将风险回避、风险分散、风险转移、风险控制、风险自留等方法相结合。以内部控制和管理，降低农业供应链金融风险损失的概率，提前做好风险计划、组织、实施和控制，最大限度控制政策性风险和系统性风险。依据自身金融生态构建的第三方农业供应链金融平台的先进技术和风控量化系统，有效控制农业供应链金融风险。新希望集团成立新希望金服平台，将农业供应链金融与高科技服务融为一体，防范农业供应链金融风险。将中小微农企和农户的信用管理作为核心，管理农业产业链全流程，并实现与大数据、云计算等有效融合，整合评价和管控金融风险。在农业供应链金融闭合链条内形成贷款前、中、后的全面金融风险治理平台模式（见图5-2）。

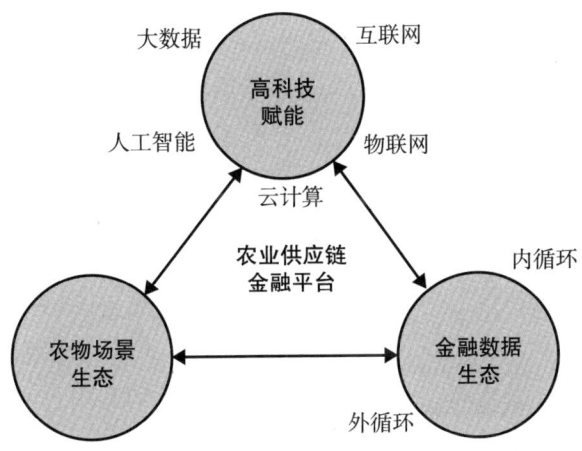

图 5-2 新希望金融平台农业供应链金融风险治理模式

鉴于农业供应链金融风险存在分散性、链条长、信用差的问题，新希望集团主要运用区块链技术，打造"区块链+X"的解决方案。"X"一般表示大数据、应收账款、凭证拆转融、智能合约等，利用区块链的"可信数据、流转互认、保护隐私"的特点，解决农业供应链金融风险的"信息孤岛"瓶颈，将新希望的信用扩散到整个农业供应链条的产供销企业，提升农业供应链金融的融资效率，降低中小微农企和农户的融资成本。同时，新希望金服还利用大数据平台，汇聚农业产业链主体的商品、资金、信息流等资源，整合原始数据、构建数据模型、实行贷后智能管理，有效破解了农牧业养殖户融资难且贵问题，减少了中小微农企和农户金融信用违约风险。

在风险绩效方面，新希望不仅有效解决了农业供应链金融中中小微型农企和农户的融资难且贵问题，而且帮助第三方供应链金融合作平台及时上线信贷产品，农业供应链金融的上中下游用户获得高效、低廉的融资服务，推动以新希望为主导的农业供应链金融良性发展。如新希望金服打造的"好养贷"农业供应链金融产品，一个月内业务辐射至全国一半省市，金融交易数亿元，服务数以千计的中小微农企和农户，农业供应链金融渗透率接近50%，创同行业新高。推动了农业供应链金融主体之间信息均衡、便于管控风险、覆盖大部分客户，打造了贷款前中后的动态风险治理体系。

2. 风险治理措效果。新希望集团农业供应链金融依托千亿级产业集群打造农业互联网金融科技服务平台，形成了农业产业链和供应链金融相融合。一是依靠自身强大的银行、担保和证券公司，解决了中小微农企及农户贷款小、散、差，传统金融机构不愿做、收费高的问题，帮助众多中小微农企及农户解决资金不足的问题。二是通过农业供应链金融线上线下结合，提供技术支撑，如"养鸡助手""猪盈利"和"望望先花"等，助推中小微农企及农户提高鸡、鸭、猪养殖效率。三是运用自身的信息化、数据化供应链，构建线上线下风控体系，将产业大数据、物联网、信用评价机制、外部征信数据互联互通，把控中小微农企及农户消费习惯及诚信等级，强化重点风险防控，有效管控了农业供应链金融风险。

（三）日照德佳康牧合作社农业供应链金融风险治理案例分析

1. 风险治理举措。按照农业供应链金融动态风险的治理框架，从风险识别、评估、管控和绩效等方面探讨德佳康牧肉鸡农业合作社的农业供应链金融动态风险治理举措。

在风险识别方面，不同于强大的农业龙头公司，德佳康牧肉鸡农业合作社是由农民自愿联合组建，在行业内地位低、抗风险能力弱，政策风险、农业风险、道德风险、整体风险和系统性风险均有涉及，其中由于乡邻乡亲，道德风险和系统性风险稍小，政策风险、农业风险、整体风险较大。如发生禽流感等行业风险，将会对其产生巨大打击。德佳康牧在饲料、生产、技术上具有明显优势，不用担心上游原材料供给，而且自身技术过硬，市场销量较好，与下游市场谈判能力强。

在风险评估方面，在确定了政策风险、农业风险、整体风险和系统性风险后，通过相对比较法、概率分步法、LEC评价或者LEC评价改进等多元方法，用于评估德佳康牧的风险数量和质量。

在风险管控方面，德佳康牧合作社形成了自身的独特优势。一是金融服务缓解农户融资难且贵问题。合作社的标准鸡棚统一规划设计，基础设施10万元，自动化养殖设备15万元的和鸡苗、饲料、防疫等生产资料25

万元，鉴于普通农户承担不起，只需要社员提供5万元，另外合作社担保、赊销等45万元，从回收肉鸡中扣除，有效解决社员资金短缺。还通过建"示范棚"、树"标杆户"吸引农户入社，成为远近养殖户学习的榜样。二是全程控制保证农产品质量。德佳康牧合作社在种苗、饲料、防疫、收购、结算等面实行"十统一"，全程可控的流程养殖方式。以合同形式严格要求社员执行，产前、产中、产后完全可控。"童仔郎"牌白条鸡商标驰名海外，并获农业部无公害产品产地认证。三是规模效应占领肉鸡销售市场。由于质量佳、产量大，德佳康牧与"新希望六和""新昌"签订长期供货合同，收购价高出市场平均水平，社员收益明显增加。四是合作收益分配缔结农业供应链金融利益联盟。合作社理事会下设生产经营、技术服务等职能部门，管理规范，社员享有合作社资金扶持、销售提成和年终分红等权益，年终盈余上缴公益金、公积金后分配给社员，并用募集资金以互助金形式支持社员扩大养殖规模，办理社员养殖保险解决农产品市场风险。德佳康牧合作社打造的合作一体化农业供应链金融模式包括组织、决策、利益、资本和产权五大要素（见图5-3）。

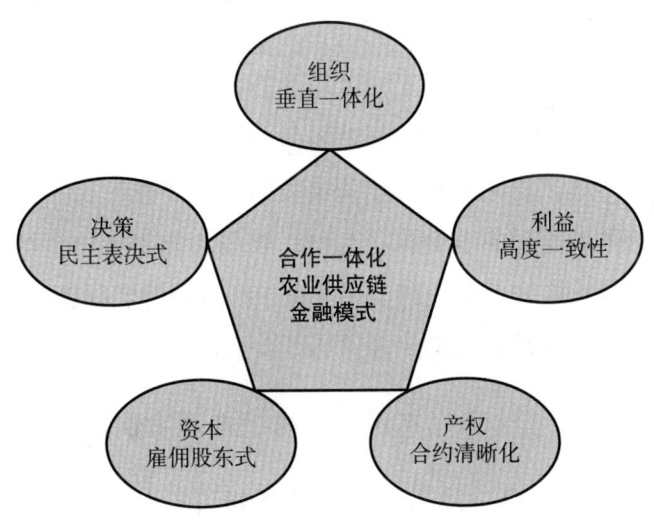

图5-3 德佳康牧合作的合作一体化农业供应链金融风险治理模式

在风险绩效方面，德佳康牧合作社采取合作一体化绩效管理，在合作社产业化组织内部有效控制交易成本，有效地保障入社农户的经济利益并激励其积极性。采取闭合、自偿的垂直一体化组织，实现利益高度一致性，做到社员与合作社产权明晰，基本实现了垂直一体化的管理，产生了良好的绩效控制。

2. 风险治理效果。德佳康牧合作社虽然成立不久，但是发展迅速。几年间就成为山东及江苏周边地区肉鸡养殖明星合作社，集饲料、物流、仓储、兽药、GSP超市等多位一体，被誉为当地的养殖业"巨头"，出栏肉鸡近亿余只，总产值达逾十亿多元，生产效益提高40%以上，劳动强度降低80%。合作社为社员垫付投资比例高达80%，提供资金互助、信用联保、资金结算等农业合作社金融服务，破解农村合作经济组织融资难题。目前，"德佳合作社"已成为国内众多农业合作社效仿的榜样。

第三节 国内农业供应链金融动态风险治理的案例分析结论

采用扎根理论和 Eisenhardt 的案例理论抽样研究方法，以象屿集团有限公司、新希望集团有限公司、德佳康牧肉鸡农业合作社三家典型的农业行业排名前列的农企和农业合作社为例，收集农业供应链金融动态风险数据，测算三家机构在农业供应链金融风险治理方面的实际效果和影响因素，开展农业供应链金融动态风险治理的典型案例比较。

一、农业供应链金融动态风险治理的典型案例比较

运用扎根理论和 Eisenhardt 案例理论抽样研究方法，比较象屿集团有限公司、新希望集团有限公司、德佳康牧肉鸡农业合作社三家典型的农业行业排名前列的上市公司和农业合作社，有助于总结农业供应链金融动态风险治理的典型经验。

象屿集团有限公司、新希望集团有限公司、德佳康牧肉鸡农业合作社在各自行业均为龙头，象屿集团"物流+高科技"农业供应链金融风险治理模式、新希望金融平台农业供应链金融风险治理模式、德佳康牧合作的合作一体化农业供应链金融风险治理模式。在行业内树立了标杆，但所采用的风险治理手段和实现的效益各不相同（见表5-4）。

一是在治理地位方面，厦门象屿是国企上市公司，物流龙头，粮食老大；新希望集团是民企上市母公司，金融及鸡、鸭、猪产业链的龙头；德佳康牧是合作社龙头，集体自治法人，肉鸡生产和饲料。

二是在治理宗旨方面，厦门象屿是符合上市公司利益，兼顾供应链利益；新希望集团是符合集团公司利益，兼顾供应链利益；德佳康牧是符合合作社及社员利益，共治共管。

三是在治理主体方面，厦门象屿是股份公司，上中下游农企及农户；新希望集团是集团公司，上中下游农企及农户；德佳康牧是合作社及社员。

四是在治理方式方面，厦门象屿是国企上市公司的强制手段，包括契约、协商、共享等；新希望集团是民企上市母公司多元化，包括契约、协商、共享等手段；德佳康牧是社员和合作社订立合同，互助方式，柔性化。

五是在治理向度方面，厦门象屿是自上而下的权力运行；新希望集团是自下而上和左右横向及自上而下；德佳康牧是自治组织，自下而上和左右横向及自上而下。

表 5-4　　　　　　　　农业供应链金融风险治理比较

维度	象屿集团	新希望集团	日照德佳康牧
地位	国企上市公司，物流龙头，粮食老大	民企上市母公司，金融及鸡、鸭、猪产业链的龙头	合作社龙头，集体自治法人，肉鸡生产和饲料
宗旨	符合上市公司利益，兼顾供应链利益	符合集团公司利益，兼顾供应链利益	符合合作社及社员利益，共治共管

续表

维度	象屿集团	新希望集团	日照德佳康牧
主体	股份公司，上中下游农企及农户	集团公司，上中下游农企及农户	合作社及社员
方式	国企上市公司的强制手段，包括契约、协商、共享等	民企上市母公司多元化，包括契约、协商、共享等手段	社员和合作社订立合同，互助方式，柔性化
向度	自上而下的权力运行	自下而上和左右横向及自上而下	自治组织，自下而上和左右横向及自上而下
目标	巩固粮储垄断地位	巩固金融及鸡鸭猪产业链垄断地位、稳定收益和社会责任	追求合作社和社员的经济收益和社会责任
流程	通过强大的物流和政策支农、粮储产业链管控风险	通过自身金融支持和强大的鸡鸭猪产业链垄断管控风险	金融服务、全程控制、规模效应、收益分配等
职能	设立风控部门行使四大职能	设立农业供应链金融部门，多元管理	四大职能垂直一体化的管理
周期	成熟阶段，垄断地位	成熟阶段，垄断地位	成长阶段，迅速发展
模式	物流平台为主，高科技辅助	金融平台，高科技辅助	合作社一体化
效力	国企和行业龙头的权威统治压力驱使，有效性不足	巨型民企和金融、农业龙头的压力驱使，有效性大打折扣	更能得到社员内心认可，效力高

资料来源：本书根据相关资料整理。

六是在治理目标方面，厦门象屿是巩固自身的粮储垄断地位；新希望集团是巩固金融及鸡鸭猪产业链垄断地位、稳定收益和社会责任；德佳康牧是追求合作社和社员的经济收益和社会责任。

七是在治理流程方面，厦门象屿通过强大的物流和政策支农、粮储产业链管控风险；新希望集团是通过自身金融支持和强大的鸡鸭猪产业链垄断管控风险；德佳康牧是以金融服务、全程控制、规模效应、合作收益分配等管控为主。

八是在治理职能方面，厦门象屿设立风控部门行使四大职能；新希望集团是设立农业供应链金融部门，多元管理；德佳康牧是四大职能垂直一体化的管理，形成供应链金融的闭合和自偿回路。

九是在治理周期方面，厦门象屿位于成熟阶段，垄断地位；新希望集团处于成熟阶段，垄断地位；德佳康牧是成长阶段，迅速扩大再生产和快速发展。

十是在治理效力方面，厦门象屿是国企和行业龙头的权威统治压力驱使，有效性不足；新希望集团是巨型民企和金融、农业龙头的压力驱使，有效性大打折扣；德佳康牧是更能得到社员内心认可，效力更高。

二、研究结论

通过从多个维度比较象屿集团有限公司、新希望集团有限公司、德佳康牧肉鸡农业合作社可知，三个农业供应链金融模式各有千秋，均发展较好，势头旺盛，但是风险治理方式各不相同，为农业供应链金融风险治理提供了重要参考。

象屿集团是国企，占据供应链中下游的"食物链"顶端，也是物流行业的知名企业，能够享受国家对粮食储备和加工的巨大政策红利，仅仅需要防范农业供应链金融的系统性风险。对于大型、超大型享受政策红利的国企治理农业供应链金融风险具有借鉴作用，但是这部分的企业数量较少、实力庞大，可复制性不强，效力不太高。

新希望集团是民企中农业供应链金融的领军人物，30多年深耕鸡鸭猪农业供应链，业务遍布全球30多个国家和地区，员工10余万人。而且还是民生银行、华创证券、民生人寿保险、新网银行等金融机构的创始人和重要股东，在农业供应链金融供给中具有强大的话语权，也使一般中小型农企难以与之相比。其农业供应链金融风险治理经验可以为超大型、大型民企、金融巨头提供借鉴，但是数目少、基础强、可复制性也不高、大部分通过垄断自上而下管控风险，农业供应链金融中的中小微型农企和农户难以心悦诚服接受，效力一般。

德佳康牧是农业合作社的新兴代表，虽然仅是地域性的单一行业"明星"，尚未形成类似新希望和象屿集团的全国性、"垄断性"优势。但是德佳康牧发展迅速，仅10余年时间，就获得农业部无公害产品产地认证，以及享誉业内的品牌。而且，德佳康牧通过合作社内部金融，大力扶持社员发展，只需要承担10%的资金，就可以享有标准鸡舍、一流技术、优质饲料、全程售后、疾病防控等一条龙的服务，帮扶众多中小微型农企和农户涉足养鸡行业，摆脱贫困，由弱变强。而且社员民主管理，充分体现出治理的主体多元化。社员分享合作社发展红利，能够自下而上反馈意见和参与管理，体现出治理的向度多样性。合作社推行垂直一体化管理，全程监控风险，资金内部流转，能够防控行业和信用性风险，能够有效体现出风险治理的大众宗旨、柔性方式，自助、互助帮扶社员，获得心悦诚服的认可，因此治理效力最高。另外，德佳康牧虽然产值过亿，但是发展时间短，仍处于发展阶段，得到中小微型农企和农户认可，具有广泛的适用性，模式可复制性强。具有较强的示范效应，在农业供应链金融风险治理方面推广性最强。

三、案例启示

采取扎根理论和Eisenhardt案例理论抽样研究方法，开展象屿集团有限公司、新希望集团有限公司、德佳康牧肉鸡农业合作社的农业供应链金融风险治理案例分析，对于有效防控农业供应链金融风险具有以下几个方面的启示。

一是要将农业供应链金融风险防控上升到治理层面。作为我国农业供应链的龙头，象屿集团有限公司、新希望集团有限公司、德佳康牧肉鸡农业合作社均进行了农业供应链金融风险的治理探索，但是象屿集团有限公司、新希望集团有限公司偏重于自上而下的管控为主，尚未有效调动自下而上的治理主体积极性，在利益分享层面存在集团上层的"一言堂"。德佳康牧肉鸡农业合作社建立了合作社社员的利益共同体，在决策制定、股金缴纳、资金帮扶、收益分配方面充分考虑了农户和融资农企的意见和利益，农业供应链金融风险治理的积极探索，发动多元主体参与多个环节的信息、资金、物品、商业流监控，故而在有效防控农业供应链金融风险方面取得了较好成效。但是还要吸纳物流商、小贷公司等社会力量参与农业供应链金融风险治理。

二是要依据农业供应链金融模式分门别类治理风险。虽然我国农业供应链金融发展晚，但是依然产生了多样化的模式，如以德佳康牧肉鸡农业合作社为代表的农业合作社主导的金融风险治理模式，新希望集团有限公司为代表的跨国农业民企主导的农业供应链金融风险治理模式，象屿集团有限公司为代表的大型农企国企主导的农业供应链金融风险治理模式。不同模式的风险点不同，提升农业供应链金融风险的治理能力需要结合差异化模式有的放矢因循施策。包括划分农业供应链金融模式、探析农业供应链金融风险来源、评估农业供应链金融风险治理方案、实施和监控农业供应链金融风险治理过程。

三是要构建农业供应链金融的合作联盟防控供应链风险。从象屿集团有限公司、新希望集团有限公司、德佳康牧肉鸡农业合作社的农业供应链金融风险治理案例的效力可以看出，象屿集团有限公司利用自身作为国企和行业龙头的权威统治驱使农业供应链金融运作，一定程度占据了供应链其他主体的收益，治理风险的有效性不足；新希望集团有限公司利用自身作为巨型民企和金融、农业龙头的优势，也在农业供应链金融中拥有绝对的话语权和利益分配权，其他供应链金融主体的积极性难以持续激发，导致风险治理有效性大打折扣；农业合作社主导的农业供应链金融体系，坚持收益共享、决策民主、全员监控，更能得到合作社内部社员的认可，风险治理效力更高。因此，建议构建农业供应链金融的合作联盟体，调动和提升农业供应链金融各方主体的治理能力，才能最大限度防控金融风险发生。

第四节　国外农业供应链金融动态风险治理的案例借鉴

与供应链金融一样，农业供应链金融最早也发源于西方发达国家，从制造业向农业扩展。大部分发达国家构建了农业企业、合作社为中心的全产业链金融。在小额信贷的帮扶下，部分发展中国家涉足农业供应链金融，这些为我国农业供应链金融及其风险治理提供了经验借鉴和有益探索。

一、国外农业供应链金融动态发展实践

2020年受新冠疫情影响，一些公司破产倒闭，其中不乏一些核心竞争力强的企业，即使创新意识高、能力强，但是受制于资金链条断开，产生供应链中众多企业连锁破产，其中农业供应链企业也不例外。一损俱损，农业供应链金融诞生的初衷就是为了化解农业外部融资难且贵问题，是农业供应链系统中的核心要素，而信息流、商业流只是农业供应链金融的依附物。在农业供应链金融中，农业质押存货是核心中的核心，通过流转存货，让预付款、应付款融资得以落地生根。因此，农业供应链中的农产品流是农业供应链金融的基础。早在19世纪前，农业供应链金融与其他金融一起产生，先后经历了萌芽、成长、成熟阶段，呈现出动态发展演变。

（一）农业供应链金融萌芽阶段（19世纪中叶前）

19世纪中叶是国外金融、供应链金融乃至农业供应链金融的启蒙时期，当时的供应链金融业务较少、种类单一、产品有限，业务主要涉及农产品存货质押，成为当时主要的农业供应链金融业务。如西欧的农产品也面临我国类似的"多收三五斗"难题，即使农业丰年反而农产品价格低廉，甚至难以偿还再生产的种子、化肥费用。如德国俾斯麦时代、俄国沙皇时期，中小微农企或者农户可以在丰年将价格较低的稻谷、玉米等农作物放入银行作为抵押担保，获得银行融资支付下一生产期的种子化肥等生产资料。待农产品价格反弹后，以较高价格售卖稻谷、玉米等农产品，偿

还前期的种子化肥等生产资料贷款费用，进而获取比丰年收割季节更高的收益，银行也吸纳了更多的中小微农企或者农户贷款，及时收取了利息，获得了较好的贷款回报。

(二) 农业供应链金融成长阶段 (19世纪中叶至20世纪70年代)

随着农业生产力的提高，过去单纯的农产品存货质押由于业务单一、种类不足，难以适应新型农业供应链金融的要求。19世纪中叶后，在存货质押基础上的应收款和预付款等业务开始兴盛，保理业务丰富了农业供应链金融的产品种类，但是期初运行不畅，资金实力雄厚的银行和资产评估机构合谋，将出现资金流动困难的农业企业存货、应收款和预付款压价接收，增加了本就流动性困难的农企融资压力。银行和评估机构转手倒卖保理业务至第三方，获取了高额的中间差价。但是农企和农户陷入困境，制约了后续农业供应链金融业务开展，造成农业供应链金融市场混乱，无法可持续推行农业供应链金融业务。1954年美国《统一商法典》的实施，规范了金融机构的保理业务范畴，明晰了存货、应收款和预付款质押流程，防止半包、转包现象发生，扭转了农业供应链金融市场混乱现状，农业供应链金融业务快速发展，形成了"存货为主、应收款和预付款相辅"的多金融产品繁荣局面，这时的农业供应链金融主体仍然是银行等金融机构。

(三) 农业供应链金融成熟阶段 (20世纪80年代至今)

经过存货质押、"存货为主、应收款和预付款相辅"质押的阶段过渡后，金融需求进一步扩大，农业供应链不断延长，而此时农业预付款的融资需求较大、保险业务也涉足农业供应链之中。特别是农业物流的高速发展，催生了预付款、保险、结算等农业融资产品的创新发展。20世纪80年代，一批大型跨国物流公司通过兼并重组，组建了大型物流集团，更加了解供应链运作流程。并且进入农业供应链环节，经过与金融机构的合作，不仅存放、运输农产品，还通过大数据分析上中下游产业链中农户和农企的信用、质押物，为金融机构贷款提供信用增值、抵押和担保业务，帮助金融机构评估贷款客户信用等增值服务，扩大了供应链金融范围和空间，获取更多的金融和客户收益。在农业供应链金融主体方面，逐步构建了

"物流主导、金融辅助"的农业供应链金融运作机制,大型物流公司进驻和主导农业供应链金融,成为新的发展趋势。之后,一些核心农企和合作社逐步发展起来,与物流公司联合起来,主导农业供应链金融发展。由于核心农企和合作社深耕农业产业发展和供应链运作,相对于专注度不足的物流企业更有优势,成为未来农业供应链金融运作的主导力量。

二、发达国家农业供应链金融动态风险治理案例

发达国家供应链金融起步早、经验足、模式佳,但相对于工业和服务业,农业供应链金融的实践却不多,在农业供应链金融动态风险治理方面,主要包括P2P主导和农业合作社主导两种方式。

(一)P2P主导型农业供应链金融案例

P2P农业供应链金融是依托P2P与农业供应链企业和小额信贷公司向农企和农户提供贷款的方式。包括"P2P+小额贷+农户""P2P+农业供应链企业"两种方式。

1. 美国"P2P+小额贷+农户"模式

在"小贷之父"诺贝尔和平奖获得者穆罕默德·尤努斯(Muhammad Yunus)的启发下,美国KIVA公司创建P2P模式,目的是为农业产业链尾端的农村居民提供低息贷款,助力摆脱融资难且贵问题。KIVA公司与小贷公司合作筛选借贷人,通过网络平台公布项目,还款率接近100%。首先,由需要贷款的农村居民向KIVA公司合作的小贷公司递交融资申请。之后,小贷公司审查农村居民信用、采集照片、人际资料,提交给KIVA公司,KIVA公司可以先行发放贷款,小贷公司也可以截留部分现金作为信用风险储备。同时,投资人通过登录KIVA公司官网提供的融资人信息找到适合的投资对象。只有在KIVA公司将投资人的资金转移给小贷公司,待借款人获得收益后,才能将资金偿还给小贷公司。其中,融资利息由小贷公司确定,KIVA公司不收取相关管理费,不承诺投资人的利息,由小贷公司收回本息后交给KIVA公司,再转给投资人。

在农业产业链金融风险治理方面,一是KIVA公司合作小贷公司,让

投资人了解借款信用、定期回访、及时观测融资人可能的信用风险。二是KIVA公司制定较高的小贷公司准入门槛，提高小贷专业化水准。安排专业人士管理贷款，及时催还逾期债务人。三是KIVA公司分开管理自持资金和信贷资金，确保资金不被挪作他用。KIVA公司在农业产业链金融中主要承担桥梁作用，提供信息中介服务，甚至作为公益性或者准公益性组织，聚焦于生产农户，减少了小贷公司贷款农户导致的信息失衡和不信任问题。"P2P+小额贷+农户"模式融合了平台的信息优势及小贷公司的投资优势，将专业性和公益性相融合，实现了多方互赢，有利于农业产业链金融风险治理。

2. 瑞士"P2P+农业供应链企业"模式

在瑞士，P2P平台是MYC4，知名的网贷平台，对接欧洲大型投资商和不发达地区的农户、农企，承担投融资中介作用。零售商是瑞士全国第二大零售集团Coop公司，对接百货店、超市及购物中心的多个合作社，近2000个销售点、多家生产农业链。

在农业产业链金融流程方面，一是Coop公司将小贷平台连接到自己的官网，通过自己庞大的消费者流量，吸引客户到小贷平台投资不发达地区的经过当地征信机构认证的项目。二是获得投资意向后，来自不发达地区的农户通过小贷平台递交贷款申请，获批后生产规定的农产品，及时在Coop公司平台供应，待销售后还本付息。三是Coop公司建立了基金池，每销售一件不发达地区的商品，获得0.5欧元的基金，帮扶农业产业链上游的农产品供应商。

综上所述，美国"P2P+小额贷+农户"模式和瑞士"P2P+农业供应链企业"模式的主要优势体现在搭建信息平台治理农业产业链金融中的信息失衡风险，通过专业小贷公司提升金融助农效率，可以为我国创新农业产业链金融模式和风险治理提供了有益借鉴。

(二)农业合作社主导型农业供应链金融案例

农业合作社为主的供应链形式起源于20世纪80年代初的美国资本主义经济危机时期。由于过剩的农产品无法有效销售，过去单打独斗的农场主组成农业合作社，进行上中下游产业一体化产供销，改变了过剩供给，增加了农产品附加值，形成了农业合作社主导的农业产业链金融方式。当前，美国的农业合作社金融相对健全，相对于传统的商业金融，农业合作社主导的农业产业链金融的投融资区域主要针对本合作社地区和内部社员，包括信用合作社、合作社银行、中央土地和信贷银行四类金融机构，受国家农业信贷局管辖。其中，中央土地银行成立农业信贷区和地方合作社，地方合作社由农场主作为会员组成，认购5%股金，换取土地银行的融资资格。与此类似，合作社也要支付融资额5%的费用作为融资前提，才有资格获得中长期抵押贷款。土地银行直接面向农场主融资，而基础合作社只负责资料深化、信用排查和文件办理。

合作社银行由信贷区的合作金融机构及其管辖的合作社、联合社构成。中央合作社银行统一办理咨询、贷款和结算业务。合作金融机构及其管辖的合作社承担出口农产品、基建方面的融资。中央信贷银行由区域信贷银行组成，由合作社认购信贷银行股份获得社员资格，享有融资的权限。信用合作社为社员提供中短期贷款。

在农业产业链金融运作方面，农业合作社为主的供应链形式依旧以农产品生产链条为主，发挥合作社为主体的各机构的合作功效，为农场主或农村居民提供融资服务。根据融资对象不同，确定合适的合作对象。其中，中央土地银行为大型农户和农场主贷款，合作社银行只针对管辖的合作社融资，信用合作社只给农户社员融资。根据农村居民或企业的类别，确定农业产业链金融供给主体，是不同于一般农业产业链金融的最大特征。

三、发展中国家农业供应链金融动态风险治理案例

发展中国家农业产业链金融起步晚，但是发展快，呈现出自己的独特状态。在农业供应链金融动态风险治理方面，以农业联保型和收储农企主导型为主。

（一）农业联保型供应链金融案例

农业联保型供应链金融起源于孟加拉国的穆罕默德·尤努斯，旨在减

少贫困、促进三农发展、提升农村治理能力等方面发挥金融助推器作用。乡村小贷公司以供应链金融为核心，集中于农产品生产环节。农业联保型供应链金融通过组建农业生产组，采取集体资产方式作为抵押，改变农村居民个人信贷难以抵押担保的现状。既能够降低金融治理风险，又使得农村居民金融需求得到满足。农业联保型供应链金融以金融自愿为原则，采取联合担保方式，互助互济、连带责任，采取联合担保的方式以小组的融资资格作为抵押，防止个别农村居民违约。在农业联保型供应链金融成立初期，以农村银行的形式，由五名无血缘的农村居民构建联保组集体融资。采取顺序贷款方式，将最贫穷的人排第一，如期还贷后再贷款给次贫困的人，最后再贷款给组长，实行责任连带，按时回收。小组还能联合成为联合组，类似于行业协会的功能，交流金融经验，督促还款进度，提升还贷能力。之后，农业联保型供应链金融取消了贷款顺序和联保制、5%的小组风险基金，进一步领回贷款，直接由金融供需双方协商，确定贷款规则、还款时间等。前提是融资人将2.5%左右的融资额用于购进农村银行股份，且存款额不少于贷款额的2.5%，即融资人5%的贷款资金作为风险金。

(二) 收储农企主导型农业供应链金融案例

农业联保型供应链金融也是以生产农产品环节为对象。收储农企主导型农业供应链金融以销售农产品环节为主，Drumnet项目是这类供应链金融的典型代表。它主要由Rabo Development Organization构成。

在Rabo Development Organization，主要是成立拉博银行，收储农企主导型农业供应链金融首先要对农村居民进行分类，包括出口农产品较多且已经获得金融投资的商业型农户，偿还能力低的自给型农户，以及两者之间的小规模种植型的准商业型农户。准商业型农户目前缺乏金融投资供给，但是融资需求巨大，而且已经小有规模，具有发展成为商业农户的潜能，成为Rabo Development Organization的主要聚焦对象。Rabo Development Organization与准商业农户签订收储协议后，将资金交给银行，再转交给协议农户。在农业联保型供应链金融下，农户由过去的个体金融风险，演变为与收储企业的合同风险。由于拉博在农业供应链中的完善机制，农户能够享受到相对公正的农产品市场价格,并减少交易成本。在农业联保型供应链金融的帮助下,准商业型农户得到金融输血,能够实现向商业型农户的身份转移,进一步推进农业联保型供应链金融发展。

在肯尼亚,Drumnet项目运作于2005年,将小贷方式融入农业联保型供应链,满足农村居民金融需求,成效十分显著。农业联保型供应链包括银行、农业生产商和购买方三类主体,成立金融平台链接农村居民。在运作流程方面,首先是农村居民与农产品购买方签订采购合同,然后向银行递交贷款申请,再从农产品生产商获取化肥、种子等生产资料。收货后,农村居民按照采购合同约定价格出售给农产品收购商,再交到银行转账付款从而解决了农村居民融资难且贵的问题。

四、对我国农业供应链金融动态风险治理的启示

总结发达、发展中国家农业供应链金融动态风险治理的经验,有助于探索我国治理农业供应链金融动态风险的规律,从供给侧角度满足广大农村居民和企业迫切的金融需求,促进乡村振兴战略早日实现。

(一)农业供应链金融风险治理的关键是生产环节

不同于工业、服务业供应链金融的风险产生于生产、流通、分配、销售等多个环节,农业供应链的金融一般分布在产品生产前后阶段,为中小微农业企业提供贷款需要。农业供应链金融风险主要集中于生产领域,生产农产品需要最多的农业供应链金融资金,只有生产上去了,才有后续的农产品交易和消费。无论是发达国家,还是发展中国家的农业供应链金融,资金需求主要集中在生产农产品环节。在农业产业链中,农村居民是农产品生产的主体,最需要金融支持,相对于农产品生产前后的农业企业,更需要贷款扶持。当前,我国农业供应链金融以大型农业企业为主导,金融主要服务于产业链的各类农业企业,而对亟须农业金融支持的农村居民金融支持力度不足。亟待顺应国际农业供应链金融发展趋势,以农产品生产环节的农户需求作为农业供应链金融的攻坚点,依据农产品的生产规律和产业特质,有效治理农业供应链金融风险。

(二) 农业供应链金融风险治理的目标是农户需求

在农业供应链金融风险治理环节，依据不同的目标导向，可以设定多样化的治理要素。包括地方政府的金融管理需求、农户的贷款需求、农业企业的产业链融资需求、农业合作社的联合贷款需求等。作为以民为本的社会主义国家，党和政府历来高度重视三农发展，特别是在乡村振兴战略下，将满足农户需求，作为我国农业供应链金融的出发点和落脚点，有助于解决农业供应链金融在农户供给中的不充分、不平衡问题。从发达国家和发展中国家的农业供应链金融案例可知，满足各类农户贷款需求是农业供应链的核心。小贷机构主导和农业合作社主导、农业联保型和收储农企主导型等四种农业供应链金融中，主导和农业联保型供应链金融的服务对象均是缺少资金的小型农户，农业合作社主导和收储农企主导型农业供应链金融的服务对象是大型农户。在农业供应链金融风险治理的设计中，根据不同类型的农户需求，设计风险治理体系，从而有的放矢地将风险防控在萌芽之中。即体现结构化需求原理，从不同类型、层次满足各类农户的贷款需求。因此，在我国农业供应链金融设计中，要根据"分化"理论，将需要贷款的农户进行分化梳理，如小型农户可以适当土地流转，扩大农业规模，向大型农户和农场迈进。或者构建农业合作社，成为抵押担保利益共同体和价值链共同体。在目前乡村振兴的初步阶段，我国农业供应链金融仍然以小型农户和部分新型农户为主要的金融需求服务对象。总结发展中和发达国家农业供应链金融的经验，我们认为，应该针对不同类型农户的金融需求分门别类，才能提供合适的农业供应链金融服务，从而科学治理农业供应链金融风险。

(三) 农业供应链金融风险治理的趋势是合作金融

当前和今后很长一段的乡村振兴阶段，我国农业供应链金融的服务主体仍然是分散化、规模小、组织弱的小型农户。因此，如何增强小型农户的金融抗风险能力，将是农业供应链金融风险治理的关键，合作社能够有效将分散的小型农户集中起来，形成利益共同体，提高金融担保实力。而且，无论是发达国家，还是发展中国家的农业供应链金融风险治理实践表明，小贷机构在农业供应链金融中发挥着举足轻重的扛鼎作用。虽然不同于传统银行的支农方式、效率和目标，小贷机构在农业供应链金融中取得了实实在在的惠农效果，受到了各类农户的由衷欢迎，发挥了传统银行等金融机构无法实现的支农效果。因此，我国要适当鼓励小贷机构参与农业供应链金融，发挥金融专业优势，定向服务于各类农户。P2P主导和农业合作社主导、农业联保型和收储农企主导型等四种农业供应链金融，大都发挥了小贷机构的金融服务、效率较高和风险治理的优势，获得了发达国家和发展中国家的一致好评和推崇。

当然，目前我国农业供应链金融实践中，小贷机构作用有限，支农效果微薄，还面临着资金少、无存款等问题。因此，亟待将小贷公司的贷款优势与传统银行的存款大、客户多优点相结合，以弥补传统金融不愿投入农业供应链金融的不足。充分发挥小贷机构的金融惠农优点，补齐自身资金不足的短板，将有助于完善乡村振兴战略下我国农业供应链金融体系，充分满足各类农户的贷款需求，及时防控和科学治理农业供应链金融风险。

第六章 本书结论与对策建议

"十四五"规划建议强调要"分行业做好供应链战略设计和精准施策，推动全产业链优化升级"，大力"健全农村金融服务体系"和"金融风险预防、预警、处置、问责制度体系"。[①] 总结农业供应链金融风险治理的结论，重构农业供应链金融风险治理的体系框架，首先必须以特定的目标为指导，优化价值取向，以此指导乡村振兴战略下农业供应链金融风险的治理路径，找出最优的策略集合。在指导理念方面，本书以交易成本理论、生命周期理论、供应链管理理论为基准，推进新时代乡村振兴战略、防控农业金融系统性风险和增强农业供应链的可持续性。在路径优化方面，借鉴动态风险防控理论、现代治理理论、机制变迁和路径依赖方法，循序渐进设计金融风险治理路径，有序推进农业供应链金融风险治理进程，以期发挥风险治理对农业供应链金融的实际功效。

第一节 本书结论

经过问题剖析、效应分析和案例研究后，可以得出农业供应链金融风险治理的相关结论。

[①] 关于《中共中央关于制定国民经济和社会发展第十四个五年规划和二〇三五年远景目标的建议》的说明 [N]. 新华社，2020年11月3日.

一、大力增强农业供应链的金融"效力"

长期以来,农业企业和农户面临融资难且贵问题,农业产业链条长、产品生命周期长、季节天气波动大、农企信用体系不健全等,均加剧了中小微型农企和农户的融资风险、提升了融资成本,造成外界金融机构支援农企和农户的动力不足。农业供应链金融发源于农业链内部,以核心农企或合作社为主导,依靠自身强大的资源调配能力和物流、信息流、资金流和商品流的监管,以及农业供应链的闭合循环,能够有效降低农业供应链金融风险,同时为农业供应链上中下游的融资主体"背书",从而降低信用风险,吸引金融机构为融资农企"输血"。从金融供给侧方面看,农业供应链金融本应该为缓解中小微农企和农户融资难且贵发挥至关重要的作用,解决燃眉之急。但是,农业供应链金融的现实状况却是金融效力低下,相当广泛的区域尚未开启农业供应链金融供给,在农村金融供给方面,面临供不应求问题。在生命阶段方面,农业供应链金融发展滞后,在农业金融供给体系中的比重较低,不占主导甚至重要地位。在机制运行方面,农业供应链金融无法有效协同,存在农业供应链金融供给不充分、地域和层级发展不平衡问题。象屿集团、新希望集团农业供应链金融发展势头旺盛,但是大部分核心农企和农业合作社无法有效整合农业供应链金融上中下游农企,实现农业供应链金融协同发展。在乡村振兴战略下,亟待优化农业供应链金融的外部环境,催生农业供应链金融的内生动力,通过典型示范、地方联动、上下一盘棋,争取农业供应链金融加快发展,尽快破解当前农业供应链金融发展不佳、效力不足的瓶颈难题。

二、提升农业供应链金融风险治理能力

风险与金融相伴而生,通常是金融效益越高则风险越大,当前,农业供应链金融在农村还未成为燎原之势,众多农企和农业合作社还只是停留在观望状态,农业供应链金融效力有待验证,一个重要的原因是目前农业供应链金融风险丛生,亟待农业供应链金融主体,消除农业供应链金融发

展的路障，其核心在于提升农业供应链金融风险治理能力。当前，传统农业供应链金融风险防控，以核心农企和农业合作社的管理为主，其他供应链金融主体参与不足，尚未形成齐心协力治理农业供应链金融风险的格局。

一是亟待改进现代治理理论，并运用于农业供应链金融之中，在治理地位、治理宗旨、治理主体、治理方式、治理向度、治理目标、治理流程、治理职能、治理周期、治理效力等方面，改进现有农业供应链金融风险治理体系，从而提升农业供应链金融风险治理能力。

二是采取农业供应链金融风险治理的模式分类、根源探析和治理举措，进一步划分农业供应链金融模式、探析农业供应链金融风险来源、评估和实施农业供应链金融风险治理方案、监控农业供应链金融风险治理过程，在闭环、动态的治理过程中，可持续增强农业供应链金融风险治理能力，尽可能减少农业供应链金融风险。

三是夯实农业供应链金融风险治理的"内功"。根据农业供应链金融风险治理的分析，核心农企（合作社）、融资农企、金融机构、物流商和融资农企资产是农业供应链金融风险治理系统内部因子。其中，核心农企（合作社）是金融风险的间接主体，对融资农企起到增信作用；融资农企是金融风险的直接主体；融资农企资产则是其金融风险的直接载体；金融机构是农业供应链金融的贷款方，物流商是农业供应链金融的农产品流通方。它们通过农业供应链关系和供应链技术应用发挥治理农业供应链金融风险的作用。因此，根据内因决定外因、内因发挥关键作用的原理，在夯实农业供应链金融风险治理的"内功"方面，要着力增强核心农企（合作社）的金融治理实力，打造农业供应链金融闭环，将金融风险在供应链内部消化吸收，减少向农业供应链之外的输出。同时，要增强融资农企、金融机构、物流商和融资农企资产等与核心农企（合作社）的关系依存度，并强化与农业供应链关系和供应链技术应用的耦合度，形成相互融合、共荣共生的农业供应链金融风险治理"共同体"。

三、优化供应链金融动态风险治理机制

虽然农业供应链金融具有降低中小微型农企和农户融资成本、拓宽融资渠道、发挥金融造血"内生动力"的职能，但是农业供应链金融技术性强、管控要求高，尚未发挥真正实效。因此，亟待完善农业供应链金融的风险治理机制，特别是针对典型的动态风险，从运行机制方面进行全程治理。

一是树立农业供应链金融动态风险治理意识。金融风险不是静止不动、一成不变，而是悄无声息、变换不停，必须筑牢农业供应链金融动态风险治理意识，坚持底线思维，守住动态风险底线。要坚持动态金融风险损前和损后的目标相结合。既要追求风险发生前的经济、安全和合法性目标，又要兼顾风险发生后维持生存、可持续经营、稳定收益和社会责任等目标。同时履行动态风险管控的风险判断和归类、风险估计和预测、风险条件控制和财务安排、风险结果效益评价等步骤。充分发挥动态风险的计划、组织、指导和管制职能。制订风险管控方案、组织人财物资源实施，做好分析的检查评价。运用生命周期视角，快速响应内外市场环境和客户需求变化，管控市场风险、伙伴选择、资源集成、流程重组等因素。

二是完善农业供应链金融动态风险治理的运行机制。从风险识别、评估、管控和绩效等方面畅通农业供应链金融动态风险治理的运行机制。在识别阶段，通过前期广泛的农业供应链金融信息收集，采用专家调查（头脑风暴、德尔菲法）、财务报表、流程图，初始清单、经验和风险调查等方法，识别农业供应链金融中的政策风险、农业风险、道德风险、整体风险和系统性风险。在评估阶段，运用适度、实时、适当风险评估原则，及时掌控农业供应链金融动态风险治理的弹性、系统、动态的特点。在管控阶段，综合采取风险回避方式、风险控制方式、风险转移方式和风险保留方式等农业供应链金融动态风险治理举措。在农业供应链金融风险绩效监控方面，要利用农业供应链的优势，构建闭环管理回路和自偿收入，让农业供应链金融的资金、物品、商业、信息封闭运作，防控农业供应链金融系统性风险。既要解决中小微型农企和农户融资难且贵问题，还要推进农业

供应链的线上与线下融合,改变传统的农产品线下交易状态,提高农业供应链运行效率,并构建农业供应链征信体系,科学评价中小微型农企和农户的信用实力,从而增强农业供应链金融的动态风险治理能力。

四、密切顺应农业供应链金融政策要求

当前,农业供应链金融风险治理最大的优势是国家的宏观政策,特别是乡村振兴战略关于农业方面的相关政策。作为国家治理体系和治理能力中的重要一环,农业供应链金融风险治理必须紧盯农业、金融、治理效能的政策需求,改变农业供应链的链条结构、要素组成和排列组合,制定和实施符合国家政策、产业政策和市场需求的农业供应链金融风险治理对策,争取充分利用国家政策红利,从而更好地抓住农业供应链金融风险治理机遇。

一是及时捕捉农业供应链金融风险治理的相关政策。参与农业供应链金融风险治理的相关主体,特别是核心农企和农业合作社,要成立政策研究部门,紧盯国家、部门和地方有关农业供应链金融风险治理的宏观政策、产业政策和市场需求,及时收集、整理、细化农业供应链金融风险治理政策,做到政策收集和梳理不遗漏、全覆盖、分类化,从而第一时间掌握关于农业供应链金融风险治理的政策"风口"。

二是准确研判未来农业供应链金融风险治理的发展趋势。政策收集和梳理是把握农业供应链金融风险治理政策的第一步,还必须组织研究团队,专攻农业供应链金融风险治理政策的热点、痛点和难点问题。像新希望集团研究院一样,及时研判农业供应链金融风险治理的热门政策,剖析制约农业供应链金融风险治理的痛点问题,为把脉问诊难点问题对症下药,及时抢占未来农业供应链金融风险治理的政策制高点。

三是因势利导推进农业供应链金融风险治理。为迎接农业供应链金融风险治理的政策红利,核心农企和农业合作社、融资农企等金融主体还应该顺势而为、因势利导,在国家政策、产业政策和地方规章尚未出台之前及时布局农业供应链金融风险治理,将风险隐患消灭于萌芽状态,防止金融风险成为失控大火。同时,占据农业供应链金融风险治理的政策有利地形,能够节

约金融成本，获取更高收益，取得农业产业链的最佳金融业态效益。

第二节　乡村振兴战略下农业供应链金融风险治理的对策建议

治理农业供应链金融风险是完善农业供应链金融的必要举措。只有实现乡村振兴战略下农业供应链金融风险治理，才能真正弥补农业供应链金融的效力缺位，满足中小微型农企和农户融资需求。唯有正确的理念指引，才能为构建农业供应链金融风险治理路径提供方向和指导。

一、优化乡村振兴战略下农业供应链金融风险的治理理念

在乡村振兴战略下，首先要完善农业供应链金融风险的治理理念。

（一）推进新时代乡村振兴战略

有效治理农业供应链金融风险，是推进农业健康发展、振兴乡村的必要之举。特别是在新时代下，农业供应链金融发展不充分、地域层级不平衡，直接制约着乡村振兴战略的实现。党的十九大将乡村振兴上升为国家战略，成为未来农业发展的长远规划。乡村振兴以农民为主体，优先发展农业，推进全面振兴乡村，达到"兴旺产业、宜居生态、文明乡风、有效治理、富裕生活"的目的。其中，"兴旺产业"和"有效治理"均与农业供应链金融风险治理密切相关。农业产业发展，金融是第一要素，在传统金融机构供给不足、意愿不强的背景下，唯有大力发展农业供应链金融，才能弥补金融惠农的缺失。金融支撑农业产业壮大，提高农民生活水准，有助于教化村民，发展教育，加大民主和互帮互助，提升农村治理能力。同时，也可促进"宜居生态、文明乡风、富裕生活"目标的实现。《乡村振兴战略规划（2018—2022年）》中，专辟一篇讲述了组织治理、"三治结合"（法治自治德治）、政权建设等的"健全现代乡村治理体系"，体现了治理乡村的重要性，明晰了未来农业供应链金融风险治理的主攻点。在

风险治理方面,《乡村振兴战略规划(2018—2022年)》明确了未来信贷政策的主攻方向,即促进农业农村振兴,减少普通农户、农业企业等主体的贷款成本,从缓释机制、抵押担保方面,防控农业供应链金融风险。从落实地方风险防控责任方面,将农业系统性金融风险防控放在突出位置。在治理主体方面,《乡村振兴战略规划(2018—2022年)》号召各类金融、非金融主体加大农业投资,出台系统性金融惠农政策,激励政府、社会、企业和个人参与农业供应链金融发展,共同防控系统性供应链金融风险,为新时代农业供应链金融风险治理规划了路径蓝图。

(二) 防控农业金融系统性风险

防控金融系统性风险是党中央和国务院的英明决策。金融是农业的血液,更是国家重要的核心竞争力。系统性风险是指有规律特性的、经常出现的、资产组合的风险,无论采取何种金融投资资产组合,系统性风险均不能消除。党中央高度重视防控金融风险,习近平总书记在十九大报告中明确要求"健全金融监管体系,守住不发生系统性金融风险的底线"。《乡村振兴战略规划(2018—2022年)》高度重视金融惠农措施,专辟一章提出"加大金融支农力度"。从金融支农组织体系、产品和服务、激励政策等方面进行了详尽布置。又特别强调要"从缓释机制方面治理农村金融风险,通过担保体系优化促进农业融资。"将防控农业产业链系统性风险放在重要位置。供应链金融是支持农业发展的重大举措和技术创新,能够有效弥补传统金融机构惠农不足问题。特别是在供应链支持方面,"十四五"规划建议首次提出"研发绿色智能农产品供应链核心技术,加快培育农业现代供应链主体,"为农业供应链金融发展提供了新的思路和方向。因此,农业供应链金融风险治理要坚守"系统性风险"底线,在供应链设计中,科学做好内控工作,健全风险识别、评价、管控和绩效管理工作,完善风险治理制度,广泛开展农业供应链金融产品和服务,降低"一拳头买卖""一揽子投资"的经营风险。同时,要在农业供应链金融各主体间筑牢风险治理意识,敲响农业供应链金融风险治理警钟,完善农业供应链金融风险处置能力,维护农业供应链安全和市场稳定。要积极响应国家和地方关于农业产业扶持和供应链金融的优惠政策，同时防范风险。要大力配合农业、市场、金融监管部门对农业供应链金融风险治理的风险排查，主动邀请相关风险管理部门开展讲座、现场指导，将农业供应链金融系统性风险消灭在萌芽状态，防控发生对整个农业供应链的系统性破坏。

（三）增强农业供应链可持续性

治理系统性风险是农业供应链金融的最低要求，而推进农业供应链可持续发展则是农业供应链金融风险治理的基本目标。农业供应链不是短暂性、地域性的，而是长远性、全局性的，必须坚持可持续发展理念。一方面，农业供应链金融风险治理要破除中小微型农企和农户的融资难且贵问题，另一方面，要推动整个农业供应链健康有序发展，可持续保障农业供应链中核心农企和农业合作社、各类融资主体的权益。完善乡村振兴战略下农业供应链金融治理机制，能够从金融体系上完善供应链金融发展路径，建立农业金融可持续的增长机制、激励机制、保障机制，使农村农民、农业企业享受与城镇居民和企业同等的投融资支持。同时，乡村振兴战略下农业供应链金融风险治理是破除城乡二元结构、推动新型城镇化进程的一个必要之举。由于城乡金融历史和制度原因，导致我国面临严重的城乡二元金融和经济社会结构，城市与农村被人为分割，城市与农村居民享受到的金融服务差异较大。农村基础差、农业发展慢、农民收入低，严重阻碍了城乡资源配置、人员自由流动，破坏了基本的金融制度公平和城乡待遇平等。在构建和谐社会、走城乡一体化的发展路径中，金融供给作为公共服务的核心部分，能够弥补农业企业和农村居民的金融供给缺失，共享金融发展和经济社会改革成果。因此，必须推进农业供应链金融发展，打破城乡金融二元制度局限，降低农业供应链金融管理机构的运营成本，提高各类主体参与农业供应链金融的积极性。通过供应链金融风险治理，实现城乡企业和居民金融共享一体化，为增强工农金融公平性、适应城乡人员流动性，推动城乡金融可持续性发挥重要作用，促进和谐社会构建、经济发展结构转型。在具体路径方面，要推进供应链金融合规性、可持续。农业供应链金融的各方主体必须将合规性作为立足之本，防止混淆金融与产业的边界，偏离主业，阻碍中小微实体企业融资。产业端创造信用落地、促进资金流通，而金融端服务中小微实体，保障资金有序供给，推动产业和金融回归主业，提升两者的竞争力，在市场竞争中承担服务中小微实体企业的社会责任。同时，要打造可持续的农业供应链，将供应链金融注入农业产业发展之中，通过合作社将分散农户组织起来，采取订单生产、销售，并且再造能循环的绿色产业供应链金融，在农业供应链中嵌入绿色产业的供应链金融，重塑绿色产业的盎然生机局面。多措并举，增强农业供应链金融可持续。[①]

二、完善乡村振兴战略下农业供应链金融风险的治理路径

国内外的农业供应链金融风险治理经验表明，农业供应链金融风险治理的关键是掌控生产环节、目标是满足农户需求、趋势是合作金融。在推进新时代乡村振兴战略、防控农业金融系统性风险、增强农业供应链可持续性理念指导下，需要结合新兴的动态风险防控理论、现代治理理论、机制变迁理论、供应链管理理论，设计出循序渐进的乡村振兴战略下农业供应链金融风险治理路径。

（一）优化农业供应链专业合作金融的发展生态

党的十九大报告将乡村振兴作为健全现代社会治理格局的固本之策，要求"引导农民合作金融健康有序发展。"2020年7月，习近平总书记在吉林省考察调研时指出，农业合作社是发展方向，要因地制宜发展农业合作社。农业合作社是农业供应链金融的重要方向，也是有效治理风险的创新之举。集合作生产、合作供销、合作信用"三位一体"的农民合作社体系，有利于创建合作金融，推动亿万农户和成千上万中小微型农企缓解融资难且贵瓶颈问题。当前，大型农企下乡发展农业供应链金融，以及互联网金融下乡支持农企和农户发展，实质上"吸血"功能多于"造血"。"三

[①] 李健. 供应链金融述评：现状与未来 [J]. 系统工程理论与实践，2020，40（8）：1977-1995.

位一体"的农民合作社是农民自愿联合成立的集体自治组织,通过乡邻乡亲降低道德风险,互相帮扶、以强补弱成立互助式合作金融,搭建农业产业链金融,防范信用风险和行业风险,是真正为中小微型农企和农户金融"造血"的贴心人。农业合作社主导的合作金融,拥有较高的信息对称度,较低的信贷风险,较高的存贷款收益,并且为加入农业供应链金融的全体农民社员共同分享。合作社能够将分散的小型农户有效集中起来,形成利益共同体,提高金融担保实力。

一是在风险识别方面,农业合作社重点关注政策风险,广泛争取和利用惠农和资助合作社的各项政策。还要重视农业风险、整体风险和系统性风险,形成饲料、生产、技术一条龙和明显优势,掌控上游原材料供给,增强与下游市场的谈判能力。二是在风险评估方面,将相对比较法、概率分步法、LEC评价或者LEC评价改进等多元方法与现代风险评估法相结合,依据农业供应链金融风险弹性、系统、动态的特点,评估合作社的风险数量和质量。三是在风险管控方面,采取闭合产业链、自偿性资金的金融服务缓解农户融资难且贵问题。四是在风险绩效方面,农业合作社要采取合作一体化绩效管理,在合作社产业化组织内部控制交易成本,保障入社农户的经济利益并激励其积极性。采取闭合、自偿的垂直一体化组织,实现利益高度一致性,做到社员与合作社产权明晰,垂直一体化的管理,争取良好的绩效控制。五是民主分配合作社收益。通过提升合作社农产品治理,形成规模效应,占领农产品销售市场,并与大型商场、超市签订长期供货合同,提升收购价,从而增强社员收益。并缔结农业供应链金融利益联盟民主分配合作收益。

(二)搭建农业供应链产业金融协同化发展平台

农业与金融可以说是水乳交融、互为表里的关系。金融离开农业发展,则是无源之水无本之木,必不能长久;农业缺乏金融血液滋润,将会停滞不前、贫瘠瘦弱。有效治理农业供应链金融风险,归根结底是要大力推进农业与金融的共荣共生利益链条,将金融紧密附着于农业产业之上,让亿万中小微型农企和农户获得实实在在的利益,自觉自愿投入农业供应链金融体系，协同治理农业供应链金融风险。因此，必须深化产金生态协同，顺应现代农业供应链金融的发展趋势。农业供应链金融缓解中小微实体企业的融资难且贵问题，推动产业链可持续，不仅是供应链助推金融链，而且是金融链优化产业链，要深化金融系统改革构建金融新生态。

一是多方式推动金融机构协同合作，建立供应链金融生态。为防止当前银行各自为战，对产业端的风险管控不足，无法满足中小微实体企业的金融需求。要建立不同金融机构的协作联盟，减少信息不对称，畅通金融"最后一公里"，从而为产业链提供全套金融供给方案。同时，构建协同合作、相互联动的风险治理体系，搭建金融生态平台。通过整合、共享产业端的信息、数据、资源，做到产品、信息、资产、交易、政策和监管共享，分享供应链金融信息，防范道德风险、系统性风险，提升金融生态的运行效率。二是多样化供应链金融的生态性。供应链金融不仅仅是传统的为中小微型实体企业提供借贷，还包括后续的服务升级，引入保险、基金、证券、信托、期货、银行等金融机构，发挥金融资产、结算服务、自营需求、资产出售、投资组合等功效。单一的金融机构难以有效满足产业供应链的多样化需求，亟待构建金融生态，协同供给金融产品和服务，回应包罗万象的价值诉求，推动供应链金融可持续发展。三是把控农业供应链金融的金融场景。供应链金融是一套复杂的系统，它连接产业链和金融链，必须充分掌握各个产业场景的主体优点、痛点、难点和诉求点，方能推动供应链金融行为有效实施，实现供应链金融服务中小微实体的目标。而且，不同行业产业场景相差甚远，要经过广泛而深入的调研，才能把控供应链金融的产业场景特点，提升解构和建构供应链金融产业场景的能力，有的放矢掌控供应链金融风险。四是增强供应链金融的战略绩效评估。供应链金融是一个复杂、长期、全盘的系统，无法用短期的金融效益评价，有待增强供应链金融的战略性，从整体性、长远性、全域性角度，全面衡量供应链金融效益，降低整个供应链中小微实体企业的交易成本，防止金融资源与回报无法有效匹配。同时，强化供应链金融的过程管控。从金融运行节点上，将供应链金融划分为寻源、运前、运输、运后四阶段。在寻源阶段，主要是对上游企业融资，由于供应链金融的供需双方还未开展实质交易，仅停留在以往业务合作中建立的信任关系，因此供应链金融的风险最大，容易导致资金中断、链条断裂。在运前阶段，主要是依据采购订单融资，发生在发运产品前，也是基于供应链金融供需双方的信赖关联度，因此风险适中。在运输阶段，依据物流运输中的产品或者库存，因为是实实在在的物品，因此供应链金融程度较低。在运后阶段，供应链金融促使金融需求方获得营运资金，以提单、票据和装运单等应收账款作为依据，流通性较强，因此风险最低。五是明晰供应链金融的担保物性质。根据可获得的担保物不同，农业供应链金融分为关系型和市场型融资，关系型属于非正式供应链金融，要建立可约束的农业供应链金融契约，完善无实质性的担保物抵押，强化供需双方的信任度。对于市场型融资农业供应链金融，进一步完善正式的契约关系和法律规制，强化提单、票据和装运单等应收账款或者存货、产品作为担保物。

(三) 全方位提升农业供应链金融风险治理能力

党的十九届四中全会提出"强化国家治理能力建设"，农业供应链金融风险治理能力是国家金融和农业发展治理能力的重要组成部分。提升风险治理能力是促进农业供应链金融发展的关键。农业供应链金融容纳了众多的金融机构与中小微型农企，由于供应链复杂、信息失衡造成信用违约或者金融爆雷，可能会导致严重的金融风险。因此，必须提升供应链金融的风险治理能力，防止虚构交易进行套税、套汇、套利，"一夫多娶"或者"一女多嫁"、仓单虚假或重复、金融自保、偷梁换柱和移花接木等金融风险行为的发生。

一是以交易真实性作为农业供应链金融的根本。交易真实无误，确保供应链金融的贸易行为、交易双方和单据证明的真实性，降低金融风险要从甄别交易主体、考证交易行为、掌握交易过程、明晰交易要素等方面夯实供应链金融的基本能力，做好供应链金融的要素、结构和流程管控。二是全方位管控农业供应链金融要素。获取供应链金融的营运信息，如收集、创建、分析、评价、运输、存储、利用、控制等信息，是供应链金融要素的核心。其中，管理金融供需方、关联方信息要素，如交易信用、三方信用，是供应链金融要素处理的重中之重。另外，全流程维护农业供应链金融有序运转，以收入自偿为导向推进整体交易，建立交易盈利率、产品覆盖度、利息保障数、进出状况率等自偿逻辑链条。同时，坚持重点论，做好供应链金融中核心农企流程管控，坚持垂直化管理、周转库存、运转资产、明晰责任和过程管控，做好流程控制。三是着力优化农业供应链金融结构。把核心农企置于供应链金融的管理地位，决定整个供应链的发展走向，筑牢供应链金融的网络结构。要科学设计供应链金融的供需业务结构，通过闭合型业务、成长型业务、资产和盈利结构等的组合，降低供应链金融的不确定性，规避供需各方复杂的债权债务风险。从供应链金融的要素、结构和流程出发，增强风险治理能力，真实准确反映供需关联方的交易背景，有利于可持续开展供应链金融。四是打造可持续的农业供应链。亟待将供应链金融注入农业产业发展之中，通过合作社将分散农户组织起来，采取订单生产、销售，缓解农产品"多收三五斗"的困境。要推进农业供应链金融合规性审查。农业供应链金融的各方主体必须将合规性作为立足之本，防止混淆金融与产业的边界，偏离自己的主业，阻碍中小微实体企业融资渠道，增加融资成本。产业端创造信用落地、促进资金流通，而金融端服务中小微农业实体，保障资金有序供给，推动农业和金融回归主业，提升二者的竞争力，在市场竞争中承担服务中小微实体企业的社会责任。同时，大力打造能循环的绿色产业供应链金融。嵌入绿色产业的供应链金融，重塑绿色产业的盎然生机局面。五是广泛吸纳小贷机构等农业供应链金融主体发挥贷款优势。无论是发达国家，还是发展中国家的农业供应链金融风险治理实践都表明，小贷机构在农业供应链金融中发挥着举足轻重的作用。虽然不同于传统银行的支农方式、效率和目标，但是小贷机构在农业供应链金融中取得了实实在在的惠农效果，受到了各类农户的由衷欢迎。要适当鼓励小贷机构参与农业供应链金融，发挥金融专业优势，定向服务于各类农户。小贷机构主导和农业合作社主导、农业联保型和收储农企主导型等四种农业供应链金融，大都吸纳了小贷机构的金融服务、效率较高和风险治理的优势，获得了发达国家和发展中国家的一致好评和推崇。建议优化小贷公司支农的政策环境，改变当前我国农业供应链金融实践中小贷机构资金少、无存款，作用有限，支农效果微弱等问题。将小贷公司的贷款快、效率高优势与传统银行的存款大、客户多优点相结合，以弥补传统金融不愿投入农业供应链金融的不足，充分发挥小贷机构的金融惠农优点，补齐自身资金不足的短板，将有助于完善乡村振兴战略下我国农业供应链金融体系，充分满足各类农户的贷款需求，及时防控和科学治理农业供应链金融风险。将小贷公司融入农业供应链金融框架之中，连接上游农业供应商、中间核心农企或合作社、下游农业经销商以及外围的金融机构和物流商，通过应收票据、预付票据和应收账本等，快速满足农业企业及农户的融资需求，能够实现农业供应链金融的技术突破和效率优化，见图6-1。

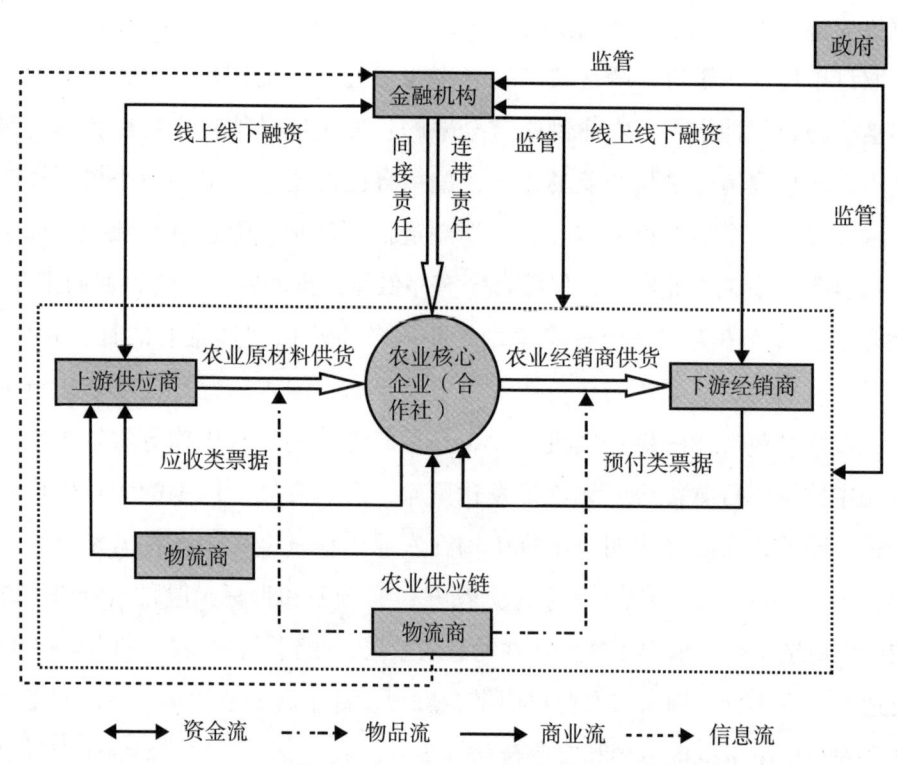

图6-1 融入小贷公司后的农业供应链金融框架图

（四）构建农业供应链金融的动态风险治理体系

通过农业供应链金融动态风险治理的问题剖析、原因探析、案例比较发现，当前无论是上市国企、大型民企还是专业合作社，农业供应链金融动态风险尚处于管理阶段，尚未进化到高级的农业供应链金融动态风险治理环节。运用现代治理理论，指导农业供应链金融动态风险管控，效力更高、监控更强、主体更多、网络更密，成效也更为显著。因此，亟待以现代治理理论、动态风险管理理论等为指导，完善农业供应链金融动态风险治理体系。

一是把握农业供应链金融动态风险治理要素。在治理宗旨方面，农业供应链金融动态风险治理要符合农业供应链主体的整体利益，相互调和利益，实现共治共管、共享治理成果，而不是仅仅符合核心农企或农业合作社的利益或者金融组织利益。在治理主体方面，农业供应链金融动态风险治理要充分调动国家机关、社会组织、核心农企或农业合作社、贷款农企、金融组织、物流商等所有正式和非正式农业供应链主体的积极性，主动参与农业供应链金融动态风险治理。在治理目标方面，农业供应链金融动态风险治理要科学选择目标，包括金融风险发生前追求经济、安全和合法性目标，金融风险发生后维持生存、经营可持续、稳定收益和社会责任方面。在治理方式方面，农业供应链金融动态风险治理要采取契约、协商、共享等多元手段和方式，偏重于柔和柔性手段，而非传统的强制性方式。在治理程序方面，农业供应链金融动态风险治理要构建农业供应链金融动态风险的治理框架，从风险识别、评估、管控和绩效等方面，剖析农业供应链金融动态风险治理的运行机制，优化风险判断和归类、风险估计和预测、风险条件控制和财务安排及效益评价。在治理职能方面，农业供应链金融动态风险治理要履行好农业供应链金融风险管控的计划、组织、指导和管制四大职能，制订农业供应链金融风险管控方案、组织农业供应链金融人财物资源实施，做好农业供应链金融风险治后的检查与评价。在治理向度方面，农业供应链金融动态风险治理要采取自下而上、左右横向及自上而下多元方式相结合，以吸纳自下而上和横向运行等向度为主。在治理周期方面，农业供应链金融动态风险治理要将农业供应链金融作为一个生命组织，包括萌芽、成长、成熟、衰退和消亡五个阶段，各个阶段开始动态风险管控，积极响应农业供应链金融内外市场环境和客户需求变化，管控农业市场风险、选择合适伙伴、集成金融资源、重组物品、资金、信息和商业四大流的流程等因素。在治理效力方面，农业供应链金融动态风险治理要采取非权威方式，满足农业供应链金融的公众利益，使供应链各主体由衷地信服和认同，借助专家、人格等魅力的优势，应用于经济、政治、产业等更广领域。

二是动态治理农业供应链金融风险。从动态风险的环节把控方面，做好风险识别、评估、管控和绩效等方面农业供应链金融风险治理。在识别环境，通过前期广泛的农业供应链金融信息收集，采用专家调查（头脑风暴、德尔菲法）、财务报表、流程图、初始清单、经验和风险调查等方法，识别农业供应链金融中的政策风险、农业风险、道德风险、整体风险和系统性风险（区域性和行业性）。在评估环节，运用适度、实时、适当风险评估原则伴随农业供应链金融动态风险治理全过程，坚持弹性、系统、动态的评估原理。在控制环节，充分运用风险回避方式、风险控制方式、风险转移方式和风险保留方式相结合，通过内部控制和管理，降低损失的概率，将风险控制作为农业供应链金融风险管理的核心，采取风险计划、组织、实施和控制，使风险控制成为风险管理的核心内容和有效工具。在全流程绩效管理环节，既要解决融资难且贵问题，还要推进农业供应链的线上与线下融合，改变传统的农产品线下交易状态，提高农业供应链运行效率，要构建农业供应链征信体系，搭建农业供应链金融平台。从农业供应链结构、流程、要素等方面，科学监控农业供应链金融风险，让农业供应链金融的资金、物品、商业、信息封闭运作，防控农业供应链金融系统性风险。

（五）健全农业供应链金融风险一体化管控机制

当前，我国农业供应链金融风险管控面临"碎片化"问题，农业发展水平不高，众多、个性、分散的中小微型农企及农户，成为农业供应链金融的"长尾巴"。农产品种类多、样式繁、质量各异，无法提供定制化的农业供应链金融服务，并且效益不高，只能采取碎片化的风险管理机制，加大了产品、生态、服务等方面农业供应链金融风险发生的概率。而且，当前农业供应链金融发展慢、水准低，形式千差万别，在金融业务操作方面复杂程度高，容易加剧农业供应链金融风险。

一是设计标准化农产品的农业供应链金融。虽然农产品材质不同、对温度、气候的弹性大，种植技术差异广，运输仓储等控制难，无法提供标准化的农产品，但是可以从规模化养殖、统一化施工、技术化管理等方面，尽可能库存形态存储标准化农产品，并运用期货、融通仓等融资，以及回购货物和货权融资，多元化设计农业供应链金融产品。二是打通农业供应链金融线上+线下融通"梗阻"。虽然电商下乡进展迅速，但是农业供应链金融电商发展滞后，在乡村振兴的国家战略支持下，广泛吸引电商、金融进驻偏远落后的农村地区，增加供应链金融服务机构、种类和渠道，打破农行、农商行等一家垄断局面，适当引进小贷公司、保理企业、电商等进入农业供应链金融。改变农业供应链金融商业生态单一的格局，分散农业供应链金融风险。三是提升农业农民信息化程度。要加大农村居民使用农业供应链金融的宣传教育力度，并且配备专人帮助农村老人操作农业供应链金融服务，在纸质版资料提交申请、线上深化、调查尽职、网贷审批等方面提供人性化的帮助，从而获得农村居民对农业供应链金融的信任和支持。同时，加大农村互联网普及度和农企现代化投入，提升信息化水平，增强农业供应链金融的信息分享，通过高效的信息服务有效治理农业供应链金融风险。四是构建一体化的农业供应链金融管理制度。推进农村居民和企业征信体系构建，并建立失信黑名单制度，将信誉不良、主观恶意的失信群体排除在农业供应链金融之外。加强核心农企和农业合作社的供应链一体化管理，建立纵向农业供应链链条，横向农业供应链金融板块的自动化、数据化的农业供应链金融服务体系，完善农业供应链金融的批前、批中和批后信息化服务监管，扭转当前碎片化风险治理的不足。五是构建农业供应链金融风险缓释机制。《乡村振兴战略规划（2018—2022年）》

特别强调要"从缓释机制方面治理农村金融风险,通过担保体系优化促进'三农'融资"。[①] 建立红黄蓝三色预警缓释机制,防控金融系统性风险。定期对农业供应链金融服务体系中的中小微型农企、农户、核心农企及农业合作社、物流企业、金融机构进行金融风险识别和评估,对于治理风险能力较强的给予"蓝色"。对于存在风险治理隐患的发放"黄色"报警牌照,提醒及时防控农业供应链金融风险。而对于风险治理结构失调、存在重大风险隐患的给予"红色"暂停服务,及时整改纠偏,将农业供应链金融风险降到预警范围之外。同时,鼓励农业供应链金融通过预付账款、应收账款、存货融资等各类农业金融产品融资,打造"银行、电商、龙头农企、农业合作社"等多种农业供应链金融模式,提供"一对一订单式"农业供应链金融操作手册,及时降低农业供应链金融风险。创新"订单、期货、保险、贷款农业"农业供应链金融服务方式,倡导多元化、组合式农业供应链金融产品创新,引导保险、理财等产品组合,分散和缓释农业供应链金融产品管理风险,有效提供农业供应链金融服务。

第三节 研究展望

党的十九大报告提出"乡村振兴战略",并要求"大力推进农业产业链发展,加大金融支持力度"。农业金融高成本、广风险、低收益,是我国金融治理中最为薄弱的环节之一。突如其来的新冠肺炎疫情席卷全球,对世界供应链和金融需求造成强烈冲击,导致本已捉襟见肘的中小微实体企业更加步履维艰,尤其对脆弱的农业产业链打击巨大。农业供应链金融对于缓解中小微农业实体企业融资难且贵问题、防范农业企业资金链断裂、提高资金利用率、降低金融系统危机等起到了非常积极的作用。当前我国供应链金融发展势头正旺,但也催生了供应链金融野蛮生长的"乱象"。

[①] 《乡村振兴战略规划(2018-2022年)》,2018年.

风险与金融密不可分，防范和治理供应链金融风险是供应链金融发展的重中之重，包括治理基本面、政策面的"外生风险"，企业运行相关的经营和财务等内生风险，目前供应链融资风险暴露，触发供应链金融分化。"十四五"规划建议强调"健全农村金融服务体系"和"健全金融风险预防、预警、处置、问责制度体系"。农业产业链金融作为新兴产业，其风险治理体系尚不成熟，亟待完善乡村振兴战略下农业供应链金融风险治理的具体路径设计，实现金融风险治理能力的增强有助于保障数亿农村居民及成千上万农企的融资利益。

本书研究构建农业供应链金融风险治理体系，旨在助力缓解农业中小微企业融资难且贵问题，促进乡村振兴战略早日实现。从风险治理角度，指出农业供应链金融效力存在"缺位"，在总结我国农业供应链金融演变规律的基础上，开展农业供应链金融风险治理的问题、效应分析，进行乡村振兴战略下农业供应链金融风险治理的典型案例研究，系统构建乡村振兴战略下农业供应链金融风险治理的相关路径，希望能为完善我国农业供应链金融风险治理提供有益探索，为解决日趋严重的农业金融问题提供一定的参考依据。

虽然本书提出的结论，得到了典型案例检验等的支持，但是相关研究仍有待进一步加强；初步搭建了乡村振兴战略下农业供应链金融风险治理的体系框架，但是指标体系有待进一步明晰，随着乡村振兴战略下农业供应链金融的发展和风险治理实践的丰富，治理路径要进一步完善，这都是今后研究的热点、难点和着力点，应将重点放在以下几个方面。

一是进一步加强农业供应链金融风险治理的基础理论研究。本研究在交易成本理论、生命周期理论、动态风险管控理论、供应链管理理论、现代治理理论、机制变迁理论等理论的基础上，明晰了农业供应链金融风险治理的框架及其特点，构建了农业供应链金融风险治理效果模型，同时以核心农企和合作社为例，深入分析了农业供应链金融风险治理的三大典型模式，试图创新农业供应链金融风险治理的有关理论，指导农业供应链金融风险治理的模型构建、优化农业供应链金融风险治理路径。但是，本研究是以核心农企和农业合作社为对象,开展农业供应链金融风险治理的案例研究,研究对象相对微观,缺少农业供应链模式、农业供应链金融架构、农业综合体等的中观理论思考,今后必须进一步丰富中观甚至宏观维度农业供应链金融风险治理的理论体系,从而更好地为有效治理农业供应链金融风险提供理论支撑。

二是进一步强化农业供应链金融风险治理的技术手段创新。本研究结合构建的农业供应链金融风险治理理论框架,指导农业供应链金融的阶段划分、趋势研判,以及农业供应链金融风险治理的问题剖析、效应分析、案例研究和对策建议。但由于缺少足够的农业供应链金融风险治理方面的数据,相关分析需要进一步加强,效度和信度还需提升,技术手段还要创新。而且,优化农业供应链金融风险治理路径的具体方式尚处于尝试之中,有待进一步深入、系统地研究,完善农业供应链金融风险治理路径,进行更广泛细致的技术手段更新。

三是进一步深化农业供应链金融风险治理与乡村振兴战略的融合。本研究主要以乡村振兴战略为背景完善农业供应链金融体系,并治理农业供应链金融风险,从而弥补当前农业供应链金融效力不足、难以助推乡村振兴战略的问题。但是,仅仅在乡村振兴战略大的宏观视角下细化农业供应链金融风险治理尚存不足,亟待拓宽农业供应链金融风险治理路径与乡村振兴战略融合的深度和广度,如根据不同的农业供应链金融风险治理模式,寻找农业供应链金融风险根源、评估不同模式下农业供应链金融风险治理方案,制订更加明晰完备的农业供应链金融风险治理策略。同时,要在初步构建的农业供应链金融风险治理框架下,进一步细化风险治理的指标体系,从当前的内因、外因、内外联动向更深入的三维、四维指标和权重迈进。而且,要根据乡村振兴战略下农业供应链金融风险治理的实施效果,进一步评估农业供应链金融风险的治理成效,以便不断完善农业供应链金融风险治理路径。

参考文献

[1] 庇古. 交易成本 [M]. 北京：华夏出版社, 2007.

[2] 蔡恒进, 郭震. 供应链金融服务新型框架探讨：区块链+大数据 [J]. 理论探讨, 2019（3）：94-101.

[3] 柴正猛, 黄轩. 供应链金融风险管理研究综述 [J]. 管理现代化, 2020（3）：109-115.

[4] 常虹. 我国外贸供应链金融发展研究——基于P2P产业视角 [J]. 理论月刊, 2018（10）：131-137.

[5] 陈畴镛, 黄贝拉. 互惠性偏好下的供应链金融委托代理模型比较研究 [J]. 商业经济与管理, 2015（12）：52-60.

[6] 陈夫华, 赵先德. 产业供应链服务平台是如何帮助中小企业获得融资的？——以创捷供应链为例 [J]. 管理案例研究与评论, 2018（12）：577-591.

[7] 陈金龙, 占永志. 第三方供应链金融的双边讨价还价博弈模型 [J]. 管理科学学报, 2018（2）：91-103.

[8] 陈静. 区块链技术下互联网金融的风险演化及防范 [J]. 宏观经济管理, 2019（4）：76-84.

[9] 陈培磊, 郭沛. 金融支持家庭农场发展的现实障碍、国际经验及实现路径 [J]. 亚太经济, 2020（7）：128-134.

[10] 陈启农, 周宇润. 关于大型国企供应链金融模式的思考 [J]. 上海金融, 2018（2）：79-81.

[11] 陈思洁, 宋华. 供应链金融视角下企业网络与企业能力对中小企业融资绩效的影响——一个链式中介模型 [J]. 商业经济与管理, 2020（4）：18-28.

[12] 陈永辉, 孟子良, 曾燕. 基于零售商异质性的贸易信用贷款定价与供应链金融模式选择 [J]. 系统工程理论与实践, 2018（10）：2479-2490.

[13] 邓爱民,文慧,李红,文小平. 供应链金融下第三方物流信用评价研究[J]. 中国管理科学,2016(11):564-570.

[14] 邓柯. 区块链技术的实质、落地条件和应用前景[J]. 深圳大学学报(人文社会科学版),2018(7):53-61.

[15] 董礼,陈金龙. 供应链金融平台的信用创造及其微观效应[J]. 华侨大学学报(哲学社会科学版),2020(6):102-114.

[16] 杜军,韩子惠,焦媛媛. 互联网金融服务的盈利模式演化及实现路径研究——以京东供应链金融为例[J]. 管理评论,2019(8):277-294.

[17] 鄂春林. 基于场景视角的互联网金融资产端创新[J]. 新金融,2017(2):45-49.

[18] 范方志,苏国强,王晓彦. 供应链金融模式下中小企业信用风险评价及其风险管理研究[J]. 中央财经大学学报,2017(12):34-43.

[19] 冯蛟,赵志刚. 双元关系对供应链融资绩效的影响:创新能力的中介作用[J]. 江西财经大学学报,2019(9):92-103.

[20] 付玮琼. 供应链金融视角下中小农业企业信用风险预警及防范研究[J]. 贵州社会科学,2020(4):158-168.

[21] 高更君,黄芳. 基于云重心Shapley值的供应链融资联盟收益分配研究[J]. 工业技术经济,2017(2):104-109.

[22] 高连和. "群链网"三位一体现代贸易金融产业体系的构建——基于义乌实践的中国贸易金融改革开放图景[J]. 社会科学,2019(3):55-63.

[23] 高连和. 基于义乌实践的"群链网"三位一体现代贸易金融产业培育[J]. 社会科学家,2018(12):56-61.

[24] 弓永章,刘逢,庞瑞琪,储雪俭. 基于物联网技术的供应链金融物流监管[J]. 中国科技论坛,2017(6):131-136.

[25] 苟延杰. 产业互联网视角下农业供应链金融模式创新研究[J]. 四川轻化工大学学报(社会科学版),2020(4):33-52.

[26] 顾婧,程翔,邓翔. 中小企业供应链金融模式创新研究[J]. 软科学,2017(2):83-86.

[27] 郭捷,谷利月,杨立成. 我国农业供应链金融减贫的研究评述及展望[J]. 北京交通大学学报(社会科学版),2020(1):106-113.

[28] 郭菊娥,陈辰. 区块链技术驱动供应链金融发展创新研究[J]. 西安交通大学

学报（社会科学版），2020（3）：46-54.

[29] 郭莹，郑志来．区块链金融背景下小微企业融资的模式与路径创新［J］．当代经济管理，2020（5）：79-85.

[30] 韩君．供应链金融、金融信息质量与企业融资绩效关系的实证分析［J］．统计与决策，2018（10）：182-185.

[31] 韩民，高戍煦．供应链金融对企业融资约束的缓解作用——产融企业与非产融企业的对比分析［J］．金融经济学研究，2017（8）：59-69.

[32] 胡波，姚新宇，樊清华．供应链金融下P2P平台为中小企业提供融资的风险研究［J］．首都经济贸易大学学报，2017（4）：29-39.

[33] 胡海青，陈迪，张丹，张琅．基于Copula的供应链金融质物组合价格风险测度研究［J］．运筹与管理，2020（3）：77-90.

[34] 计春阳，晏雨晴．互联网背景下港口企业供应链金融模式演化及创新趋势研究［J］．软科学，2019（5）：22-28.

[35] 江伟，底璐璐，彭晨客户．集中度影响银行长期贷款吗——来自中国上市公司的经验证据［J］．南开管理评论，2017（4）：71-80.

[36] 蒋先玲，张庆波．线上供应链金融信用风险评估实证研究——基于C-SMOTE-RF模型［J］．广西大学学报（哲学社会科学版），2018（1）：69-74.

[37] 金香淑，袁文燕，吴军，李健，王亚静．基于收益共享-双向期权契约的供应链金融风险控制研究［J］．中国管理科学，2020（1）：68-78.

[38] 金雪涛．我国互联网"独角兽"企业发展解析［J］．人民论坛·学术前沿，2020（3）：92-98.

[39] 匡海波，杜浩，丰昊月．供应链金融下中小企业信用风险指标体系构建［J］．科研管理，2020（4）：209-219.

[40] 李宝宝，李婷婷，耿成轩．供应链金融与中小企业融资约束——以制造行业中小上市公司为例［J］．华东经济管理，2016（10）：174-179.

[41] 李菲雅，蒋若凡，陈泽明．区块链+产业链：商业银行小微金融业务发展趋势探究［J］．企业经济，2017（10）：178-184.

[42] 李光荣，赵斯昕．复工复产背景下供应链金融信用风险演进机理与管理研究——基于SEM-SD模型［J］．商业研究，2020（5）：112-122.

[43] 李光荣．农业供应链金融信用风险因子研究：系统框架与实证分析——来自黄河中上游五省区的780份调查数据［J］．财经理论与实践，2020（5）：17-24.

[44] 李健,张金林.供应链金融的信用风险识别及预警模型研究[J].经济管理,2019(8):178-196.

[45] 李津津.供应链金融ABS解析及对商业银行的启示[J].新金融,2018(7):36-39.

[46] 李小金,胡雯莉.基于B2B平台的供应链金融模式与实践研究[J].经济与管理,2017(8):35-38.

[47] 李小莉,辛玉红.基于供应链金融的中小企业信贷市场演化分析[J].运筹与管理,2017(10):101-105.

[48] 李晓青,郑小妮,刘金豪.可持续供应链金融如何影响中小企业融资绩效——基于环境规制视角[J].金融监管研究,2020(3):70-84.

[49] 李志鹏,朱淑珍,吴筱菲.电商参与下的供应链金融融资模式选择研究[J].系统工程,2019(3):129-138.

[50] 林楠.基于区块链技术的供应链金融模式创新研究[J].新金融,2019(4):51-55.

[51] 刘德红,田原.供应链金融内涵与风险管理研究进展及展望[J].经济问题,2020(7):53-60.

[52] 刘刚.互联网供应链金融助力乡村振兴战略研究[J].理论探讨,2019(11):118-123.

[53] 刘佳,李泉林,宓翠,苏瑞莹.港口主导下煤炭供应链上游供应商的融资决策[J].技术经济,2018(1):112-121.

[54] 刘蕾.区块链技术在金融领域的应用与合规监管[J].管理现代化,2020(5):10-12.

[55] 刘露,侯文华,李雅婷.保仓融资的优化与协调策略:基于核心企业视角[J].系统工程,2018(1):130-139.

[56] 刘文丽,郝万禄,鞠彦辉,何毅.基于盲数理论的第三方平台下银行供应链金融操作风险评估模型[J].技术经济,2017(4):79-84.

[57] 刘晓红,周利国,耿勇,陈金亮.物流与供应链金融研究趋势分析:基于"主题-理论-方法"的三重视角[J].中央财经大学学报,2016(1):82-91.

[58] 刘艳春,崔永生.供应链金融下中小企业信用风险评价——基于SEM和灰色关联度模型[J].技术经济与管理研究,2016(12):14-19.

[59] 刘英,慕银平.存在预售和信用融资的三阶段供应链最优策略[J].系统管理

学报，2018（4）：384-392.

［60］卢强，刘贝妮，宋华. 中小企业能力对供应链融资绩效的影响：基于信息的视角［J］. 南开管理评论，2019（6）：122-136.

［61］卢强，宋华，于亢亢. 供应链金融中网络连接对中小企业融资质量的影响研究［J］. 商业经济与管理，2018（9）：15-26.

［62］牛似虎，方继华，苏明政. 基于供应链金融的中小企业绩效评价与实证［J］. 统计与决策，2017（1）：64-66.

［63］潘娅娟. 物联网技术对供应链金融业务的影响与对策［J］. 山东社会科学，2017（6）：130-134.

［64］彭红军，庞涛. 产需不确定下面向资金约束供应商的供应链融资策略研究［J］. 运筹与管理，2018（12）：10-18.

［65］彭红军. 产出不确定的供应链应收账款抵押融资策略［J］. 系统管理学报，2016（11）：1163-1169.

［66］齐春宇. 物流何以跨界金融？——物流企业介入供应链金融业务研究［J］. 当代经济管理，2018（1）：75-81.

［67］秦昌才. 新旧动能转换中金融体系支撑的内涵及其作用［J］. 甘肃社会科学，2019（1）：159-165.

［68］曲维玺，韩家平. 全球及中国保理行业发展特点、趋势分析与政策建议［J］. 国际贸易，2019（1）：90-96.

［69］申云，李京蓉. 农民合作社供应链金融信贷利益联结研究［J］. 农业经济与管理，2020（2）：66-77.

［70］申云，李庆海，杨晶. 农业供应链金融信贷的减贫效应研究——基于不同主体领办合作社的实证比较［J］. 经济评论，2019（7）：94-107.

［71］史思雨，孙静春. 基于不同融资方式的双渠道供应链定价决策［J］. 运筹与管理，2019（4）：1-8.

［72］宋华，陈思洁，于亢亢. 商业生态系统助力中小企业资金柔性提升：生态规范机制的调节作用［J］. 南开管理评论，2018（6）：11-22.

［73］宋华，陈思洁. 供应链动态能力以及协同创新战略对资金柔性的影响研究［J］. 商业经济与管理，2017（11）：5-17.

［74］宋华，陈思洁. 供应链整合、创新能力与科技型中小企业融资绩效的关系研究［J］. 管理学报，2019（3）：379-388.

[75] 宋华, 卢强, 喻开. 供应链金融与银行借贷影响中小企业融资绩效的对比研究[J]. 管理学报, 2017 (6): 897-907.

[76] 宋华, 卢强. 产业企业主导的供应链金融如何助力中小企业融资——一个多案例对比研究[J]. 经济理论与经济管理, 2017 (12): 47-58.

[77] 宋华, 卢强. 基于虚拟产业集群的供应链金融模式创新: 创捷公司案例分析[J]. 中国工业经济, 2017 (5): 172-192.

[78] 宋华, 卢强. 什么样的中小企业能够从供应链金融中获益?——基于网络和能力的视角[J]. 管理世界, 2017 (6): 104-121.

[79] 宋华, 杨璇, 喻开. 信息不对称下中小企业如何获得融资绩效——基于供应链金融的实证分析[J]. 中国流通经济, 2017 (9): 89-99.

[80] 宋华, 杨璇. 供应链金融风险来源与系统化管理: 一个整合性框架[J]. 中国人民大学学报, 2018 (7): 119-128.

[81] 宋华, 杨璇. 供应链金融如何助力中小企业融资——供应链网络嵌入性视角[J]. 研究与发展管理, 2018 (6): 22-33.

[82] 宋华, 杨璇. 中小企业竞争力与网络嵌入性对供应链金融绩效的影响研究[J]. 管理学报, 2018 (4): 616-624.

[83] 宋华, 杨雨东. 现代ICT赋能的智慧供应链金融创新与发展[J]. 中国流通经济, 2019 (12): 34-41.

[84] 宋华. 基于产业生态的供应链金融的创新趋势[J]. 中国流通经济, 2016 (12): 85-91.

[85] 宋华. 数字平台赋能的供应链金融模式创新[J]. 中国流通经济, 2020 (7): 17-24.

[86] 宋华. 中国供应链金融的发展趋势[J]. 中国流通经济, 2019 (3): 3-9.

[87] 宋远方, 黄千员. 国内供应链金融研究进展——基于2005—2017年CSSCI文献分析[J]. 中国流通经济, 2018 (1): 47-54.

[88] 苏应生, 张宇婧, 任栋. 供应链买方中介融资模式研究——基于区块链技术的视角[J]. 财经科学, 2020 (5): 43-51.

[89] 孙福兵, 宋福根. 基于场景化、数字化的农业信贷风险控制研究[J]. 社会科学战线, 2019 (3): 249-253.

[90] 谭小芬, 张辉. 信息不对称下基于回购的供应链金融决策研究[J]. 南开经济研究, 2018 (2): 104-123.

[91] 谭喻紫, 杨筝. 基于收益共享机制的线上供应链金融最优均衡策略研究 [J]. 管理评论, 2019 (9): 241-254.

[92] 谭喻紫, 杨筝. 利率市场化背景下市场交易联动各方的最优策略选择——基于供应链金融视角 [J]. 管理评论, 2020 (2): 287-298.

[93] 唐丹, 庄新田. 基于区块链债转平台的供应链融资决策 [J]. 系统工程, 2019 (10): 58-66.

[94] 万玲. 互联网时代物流业可持续发展新引擎: 供应链金融 [J]. 企业经济, 2017 (1): 142-146.

[95] 王宝森, 王迪. 互联网供应链金融信用风险度量与盯市管理 [J]. 中国流通经济, 2017 (4): 77-84.

[96] 王丛, 张在旭, 孙燕芳. 供应链金融利益主体的多阶段博弈研究 [J]. 财经理论与实践, 2018 (7): 32-37.

[97] 王立清, 胡滢. 供应链金融与企业融资约束改善——基于产融结合与战略承诺的调节作用分析 [J]. 中国流通经济, 2018 (6): 122-128.

[98] 王明征, 李秋珍, 刘伟伟. 寄销供应链的信用担保融资协调机制研究 [J]. 管理工程学报, 2019 (1): 211-218.

[99] 王先甲, 顾翠伶, 赵金华, 何奇龙. 选择差异下 Moran 过程的随机博弈模型及其应用 [J]. 系统工程理论与实践, 2020 (5): 1193-1205.

[100] 王兴. 基于供应链金融的第三方物流企业竞争优势 [J]. 天津师范大学学报 (社会科学版), 2017 (1): 75-80.

[101] 王占海, 梁工谦. 存货质押融资模式下的供应链协调 [J]. 运筹与管理, 2018 (6): 122-130.

[102] 王宗润, 马振, 周艳菊. 核心企业回购担保下的保仓融资决策 [J]. 中国管理科学, 2016 (11): 162-169.

[103] 温宗良, 陈嘉茵, 周永务, 嵇凯. 基于供应链金融的供应商链式融资策略研究 [J]. 运筹与管理, 2017 (3): 17-26.

[104] 吴睿, 邓金堂. 互联网+供应链金融: 中小企业融资新思路 [J]. 企业经济, 2018 (2): 108-114.

[105] 夏雨, 方磊, 魏明侠. 供应链金融: 理论演进及其内在逻辑 [J]. 管理评论, 2019 (12): 26-39.

[106] 徐锦瑞, 陈锦荣. 对优化产业互联网金融生态圈的思考 [J]. 上海金融, 2019

(4)：82-87.

[107] 徐鹏，陈晓旭，黄胜忠. 基于农产品供应链金融的物流作业承接双边讨价还价博弈［J］. 系统管理学报，2019（5）：569-578.

[108] 徐鹏，伏红勇，王磊，彭选华. 农产品供应链金融中银行对3PL的激励监督机制研究［J］. 管理评论，2018（10）：26-39.

[109] 徐鹏，王磊，伏红勇，陈晓旭. 互惠性偏好视角下农产品供应链金融的4PL对3PL的激励策略研究［J］. 管理评论，2019（1）：62-70.

[110] 徐鹏. 过度自信视角下线上农产品供应链金融激励契约研究［J］. 管理工程学报，2020（5）：8-15.

[111] 徐鹏. 基于供应链金融的农产品质押融资风险模糊综合评价研究［J］. 西南政法大学学报，2017（6）：110-118.

[112] 徐鹏. 基于结构方程模型的农产品供应链金融风险防范研究［J］. 西南政法大学学报，2018（12）：128-135.

[113] 徐鹏. 因子分析视阈下线上农产品供应链金融风险防范研究［J］. 农林经济管理学报，2016（12）：674-680.

[114] 徐鹏杰，吴盛汉. 基于"互联网+"背景的供应链金融模式创新与发展研究［J］. 经济体制改革，2018（9）：133-138.

[115] 许嘉扬，郭福春. 互联网金融支持跨境电子商务发展机制研究——以杭州市综合试验区为例［J］. 浙江社会科学，2018（5）：23-31.

[116] 许启发，李辉艳，蒋翠侠，何耀耀. 基于QRNN+GARCH方法的供应链金融多期价格风险测度及防范［J］. 数理统计与管理，2018（2）：728-740.

[117] 许启发，李辉艳，蒋翠侠. 基于Copula-分位数回归的供应链金融多期贷款组合优化［J］. 中国管理科学，2017（7）：50-60.

[118] 许玉韫，张龙耀. 农业供应链金融的数字化转型：理论与中国案例［J］. 农业经济问题，2020（4）：72-81.

[119] 杨斌，朱未名，赵海英. 供应商主导型的供应链金融模式研究［J］. 金融研究，2016（12）：175-190.

[120] 杨军，房姿含. 供应链金融视角下农业中小企业融资模式及信用风险研究［J］. 农业技术经济，2017（9）：95-104.

[121] 杨琦峰，王莹莹. 经济转型期线上供应链金融协同创新的路径和对策研究［J］. 苏州大学学报（哲学社会科学版），2018（5）：111-116.

［122］杨倩，赵先德，宋晓．权力关系视角下供应链企业融资需求成因分析［J］．管理案例研究与评论，2015（10）：445-456.

［123］杨璇，宋华．供应链金融、供应链能力与竞争绩效——基于多案例的研究［J］．管理案例研究与评论，2017（10）：491-507.

［124］姚王信，夏娟，孙婷婷．供应链金融视角下科技型中小企业融资约束及其缓解研究［J］．科技进步与对策，2016（9）：105-110.

［125］于海静，康灿华．基于供应链金融视角的中小企业融资机制研究［J］．南开经济研究，2017（8）：141-152.

［126］于辉，李西，王亚文．电商参与的供应链融资模式：银行借贷vs电商借贷［J］．中国管理科学，2017（7）：134-140.

［127］占永志，陈金龙，邹小红．基于互惠动机的平台型供应链金融利益权衡机制［J］．系统科学学报，2018（2）：131-136.

［128］占永志，陈金龙．基于佣金定价决策的供应链金融平台利益权衡机制研究［J］．工业技术经济，2017（4）：55-61.

［129］张诚．中小企业供应链金融风险测控的研究——基于系统动力学仿真模型［J］．系统科学学报，2018（5）：76-80.

［130］张冲，袁兰兰，王海燕．基于ACC支付模式的供应链金融模型研究［J］．中国管理科学，2018（5）：88-96.

［131］张浩，张潇．基于马尔可夫模型的电商平台供应链金融风险控制［J］．云南财经大学学报，2017（4）：118-126.

［132］张惠君．基于供应链金融的供应商链式融资策略——评《电商双边市场供应链融资的模式与运作机制》［J］．管理学刊，2019（12）：63-72.

［133］张建同，张敏，郭卓琦．基于修正KMV模型的汽车供应链金融风险分析［J］．工业工程与管理，2018（9）：128-135.

［134］张莉莉，穆东，崔永梅，刘德红，宋光．中国供应链金融指数编制（下篇）：指标体系构建、测算与结果分析［J］．北京交通大学学报（社会科学版），2019（1）：91-101.

［135］张路．博弈视角下区块链驱动供应链金融创新研究［J］．经济问题，2019（4）：48-54.

［136］张兴旺，倪明明．科技型企业外部融资渠道比较研究［J］．科学管理研究，2019（4）：135-139.

[137] 张云丰, 王勇. 动态质押模式下的存货解押策略研究 [J]. 重庆大学学报 (社会科学版), 2016 (11): 103-111.

[138] 张志元, 李维邦. 金融新动能助推新旧动能转换的逻辑及路径 [J]. 经济与管理评论, 2018 (9): 18-26.

[139] 赵磊, 石佳. 依法治链: 区块链的技术应用与法律监管 [J]. 法律适用, 2020 (2): 33-49.

[140] 郑君宇. 基于区块链技术的网络供应链金融创新优化路径初探 [J]. 山西财经大学学报, 2019 (4): 18-20.

[141] 周卉, 谭跃, 鄢波. 供应链金融与企业融资约束: 效果、作用机理及调节因素 [J]. 商业研究, 2017 (9): 163-169.

[142] 朱明. 房地产企业供应链金融保理: 模式、架构及风险管理 [J]. 上海金融, 2019 (6): 78-83.

[143] 朱兴雄, 何清素, 郭善琪. 区块链技术在供应链金融中的应用 [J]. 中国流通经济, 2018 (3): 111-119.

[144] ASSUNTA D V, LUISA V. Blockchain technology in supply chain management for sustainable performance: Evidence from the airport industry [J]. International Journal of Information Management, 2019.

[145] BANERJEE A. Blockchain technology: supply chain insights from ERP [G]. Advances in computers [S.1]. Elsevier, 2018: 69-98.

[146] CHOI T M, WEN X, SUN X, etal. The mean-variance approach for global supply chain risk analysis with air logistics in the blockchain technology era [J]. Transportation Research: Part E. 2019; 127: 178-191.

[147] CHRISTIDIS K, DEVETSIKIOTIS M. Blockchains and smart contracts for the internet of things [J]. IEEE Access, 2016, 4: 2292-2303.

[148] COTTRILL K. The benefits of blockchain: fact or Wishful Thinking? blockchain is still a largely unproven innovation in the supply chain, but it's also one that companies can't afford to ignore [J]. Supply Chain Management Review. 2018; 22 (1): 20-25.

[149] DING, D. Handbook of blockchain, digital finance, and inclusion, volumell from ant financial to Alibaba´s rural taobao strategy-how fintech is transforming social inclusion [J]. Handbook of Blockchain Digital Finance & Inclusion, 2018: 19-35.

[150] ERIK H, URS M. Supply chain finance and blockchain technology: the case of re-

verse securitisation [M]. Springer, 2017: 51-76.

[151] EYAL I. Blockchain technology: transforming libertarian cryptocurrency dreams to finance and banking realities [J]. Computer, 2017, 50 (9): 38-49.

[152] GELSOMINO L M, Mangiaracina R A. Perego "supply chain finance: a literature review" [J]. International Journal of Physical Distribution & Logistics Management, 2016.

[153] GLIGOR D M, HOLCOMB M. The road to supply chain agility: an RBV perspective on the role of logistics capabilities [J]. The International Journal of Logistics Management, 2014.

[154] GRUSKE C, BLOCK P. With heavyweights like IBM and Maersk jumping on board, blockchain technology is set to revolutionize the supply chain [J]. Canadian Shipper. 2018; 121 (2): 10-13.

[155] GUIDO L. GEERTIS, DANIEL E. A supply chain of things: the EAGLET ontology for highly visible supply chains [J]. Decision Support Systems, 2014, Vol. 63, pp. 3-22 Elsevier.

[156] PFOHLH C, GOMM M. Supply chain finance: optimizing financial flows in supply chains [J]. logist. Res. 2009, Vol. 12 (4), pp. 674-683 Elsevier.

[157] HUERTAS J, LIU H, ROBINSON S. Eximchain: supply chain financesolutions on a secured public, permissioned blockchain hybrid [J]. Eximchain White Paper, 2018, 13 (6): 1-15.

[158] JAAG C, BACH C. Blockchain technology and cryptocurrencies: opportunities for postal financial services [M]. The Changing Postal and Delivery Sector. Swiss Economics, 2017.

[159] JOHNSON A. Blockchain revolution: how the technology behind bitcoin is changing money [J]. business and the world. Acuity. 2016; 3 (11): 65.

[160] KAMBLE S, GUNASEKARAN A, ARHA H. Understanding the blockchain technology adoption in supply chains-Indian context [J]. International Journal of Production Research. 2019; 57 (7): 2009-2033.

[161] KAMEL B M, WILSON J T. Geospatial blockchain: promises, challenges, and scenarios in health and healthcare [J]. International journal of health geographics, 2018, 17 (1).

[162] MAO D, WANG F. Credit evaluation system based on blockchain for multiple stakeholders in the food supply chain [J]. International journal of environmental research and public health, 2018, 15 (8).

[163] RADZIWILL N. Blockchain revolution: how the technology behind bitcoin is changing money, business, and the world [J]. Quality Management Journal, 2018, 25 (1): 64-65.

[164] SABERI S, SARKIS J, etal. Blockchain technology and its relationships to sustainable supply chain management [J]. International Journal of Production Research. 2019; 57 (7): 2117-2135.

[165] SACHIN Y, SURYA P S. Blockchain critical success factors for sustainable supply chain [J]. Resources, Conservation & Recycling, 2020, 152.

[166] SONG H. Ganguly. " Supply chain network, information sharing and SME credit quality" [J]. Industrial Management& Data Systems, 2016.

[167] STEFAN T, FRANK T. Analysing the impact of blockchain-technology for operations and supply chain management: An explanatory model drawn from multiple case studies [J]. International Journal of Information Management, 2019.

[168] THRUNER T. Supply chain finance and blockchain technology——the case of reverse securitisation [J]. Foresight. 2018; 20 (4): 447-448.

[169] TRELEAVEN P, GENDAL B R, YANG D. Blockchain technology in finance [J]. Computer (00189162). 2017; 50 (9): 14-17.

[170] WESSEL R & MARK C. The blockchain as a narrative technology: investigating the social ontology and normative configurations of cryptocurrencies [J]. Philos Technol, 2018 (31): 103-130.

[171] YINGLI W. Designing a blockchain enabled supply chain [J]. IFAC PapersOnLine, 2019, 52 (13).

[172] ZOU L, JIA S, LAN Q, etal. Research onblockchain-based commercial paper financing in supply chain [C]. International Conference on Intelligent and Interactive Systems and Applications: Springer, 2019: 357-364.

[173] WU L, YUE X, JIN A, YEN D C. Smart supply chain man-agement: a review and implications for future research [J]. The international journal of logistics management, 2016 (2): 395-417.

[174] Gelsomino L M, Mangiaracina R, Perego A, et al. Supply chain finance: a literature review [J]. Internationsl Journal of Physical Distribution Logistics Management, 2016, 46 (4): 348-366.

[175] Pfohl H C, Gomm M. Supply chain finance: optimizing financial flows in supply chains [J]. Industrial Management Data Systems, 2016, 116 (4): 740-758.

[176] Song H, Yu K, Ganguly A, et al. Suppty chain network, information sharting and

SME credit quality [J]. Industrial Management Data Systems, 2016, 116 (4): 740-758.

[177] Y. Wang, Y. H. Shao, J. Q. Ou. The research on trade credit short-term financing in a capital-constrained supply chain [C]. 2014 International Conference on Management Science and Management Innovation. Atlantis Press, 2014: 491-505.

[178] X. Chen. A model of trade credit in a capital-constrained distribution channel [J]. International Journal of Production Economics, 2015, 159 (3): 47-57.

[179] Wang C, Fan X, Yin Z, Financing online retailers: Bank vs. electronic business platform, equilibrium, and coordinating strategy [J]. European Journal of Operational Research, 2019, 276 (1): 343-356.

[180] S Chakuu, D Masi, J Godsell. Exploring the relationship between mechanisms, actors and instruments in supply chain finance: a systematic literature review [J]. International Journal of Production Economics, 2019, 216 (04): 35-53.

[181] Hugo. K. S. Lam, Y. Z. Zhan, M. H. Zhang, et al. The effect of supply chain finance initiatives on the market value of service providers [J]. International Journal of Production Economics, 2019, 216 (04): 227-238.

[182] Tunca T, Zhu W. Buyer intermediation in supplier finance [J]. Management Science, 2018, 64 (12): 5631-5650.

[183] Lee C, Rhee B. Trade credit for supply chain coordination [J]. European Journal of Operational Research, 2011, 214 (1): 136-146.

[184] Zhang Q, Dong M, Luo J, et al. Supply chain coordination with trade credit and quantity discount incorporating default risk [J]. International Journal of Production Economics, 2014, 153 (1): 352-360.

[185] X. He, L. Tang. Exploration on building of visualization platform to innovate business operation pattern of supply chain finance [J]. Physics Procedia, 2012, 33 (5): 1886-1893.

[186] X. Cai, Y. F. Qian, Q. S. Bai, el al. Exploration on the financing risks of enterprise supply chain usingback propagation neural network [J]. Journal of Computational and Applied Mathematics, 2020, 367.

[187] J. Z. Shi, J. E. Guo, S. B. Wang. Credit risk evaluation of online supply chain finance based on third-party B2B ecommerce platform: an exploratory research based on china's practice [J]. International Journal of ue Service, Science and Technology, 2015, 8 (5): 93-104.

[188] Petrone D, Latora V. A dynamic approach merging network thery and credit risk tech-

niques to assess systemic risk in financial networks [J]. Scientific Reports, 2018, 8 (1): 5561.

[189] Hua S, Liu J, Cheng T. Financing and ordering strategies for a supply chain under the option contract [J]. International Journal of Production Economics, 2019, 20 (8): 100-121.

[190] Drenovak M. Market risk management in a post-Basel 2 regulatory invironment [J]. European Journal of Pperational Research, 2017, 257 (3): 1030-1044.

[191] X. Han. Thelegal risks in mortgage of the usufruct of collective land and constructions and the countermeasures [A]. Information Engineering Research Institute, USA. Proceedings of 2013 3rd International Conference on Education and Education Management (EEM 2013) Volume 27. Information Engineering Research Institute, USA: Information Engineering Research Institute, 2013.

[192] Carnavale S. Broadening the perspective of supply chain finance: the performance impacts of network power and cohesion [J]. Journal of Purchasing and Supply Management, 2019, 25 (2): 134-145.

[193] SongH. How to knowledge spillover and access in supply chain network enhance SME credit quality? [J]. Industrial Management Data Systems, 2019, 119 (2): 274-291.

[194] Li L. Customer demand analysis of the electronic commercr supply chain using Big Data [J]. Annals of Operations Research, 2018, 268 (2): 113-128.

[195] Yuan G X. The dynamical mechanism for SMEs evolution under the hologram approach [J]. SSRN 3325013, 2019.

[196] Chod J. On the financing benefits of supply chain transparency and blockchain adopyion [J]. Management Science, 2020. https://doi.org/10.1287/mnsc.2019.3434.

[197] Guo Y. Blockchain cpplication and outlook in the banking industry [J]. Financial Innovation, 2016, 2 (1): 24.

[198] Hofmann E. Discussion how does the full potential of blockchain technology in supply chain finance look like? [M]. Scpply Chain Finance and Blockchain Technoligy. Cham: Springer, 2018: 77-87.

[199] Tseng M L. Repring of: Service innovation in sustainable product servicesystems: improving performance under linguistic preferences [J]. International Journal of Production Economics, 2019. 217: 159-170.

[200] Zhan J. The impact of financing mechanism on supply chain sustainability and efficiency [J]. Journal of Cleaner Production, 2018, 205: 407-418.